JN269305

# 日本のコピーベスト500

安藤隆　一倉宏　岡本欣也　小野田隆雄　児島令子
佐々木宏　澤本嘉光　仲畑貴志　前田知巳　山本高史
編・著

# はじめに

江戸の文化文政頃は戯作者などが惹句《じゃっく》を書いていました。それが、広告文案家という呼称を経てコピーライターと呼ばれるようになった。その表現は、時代の生活者の欲求や願望につれて変化し、今日までにさまざまなコピーを生みました。

あるとき、東京コピーライターズクラブ会長である仲畑貴志さんが、「記憶のコピーを探すのに、重いコピー年鑑をあちこち開くのはたまらん。良いのだけ一冊にまとめてほしいなあ」と言いました。それから想を得て生まれたのが本書です。

東京コピーライターズクラブのコピー年

鑑を主として収集した膨大なコピーの中から、日本の広告コピーベスト500本を選出し1冊にまとめる。選者は、日本を代表するコピーライター、ＣＭプランナー、クリエイティブディレクター10名が担当。第一回投票で500点を選出し、その中から得票数にしたがってベスト100を決定しました。さらに票が拮抗していた上位33点のコピーから決選投票。ベスト10を決定。

なお決選投票では、1位に10点、2位に9点…9位に2点、10位に1点と順位に応じて1点ずつの差を設け、推挙度合いに応じた票の価値を反映し、公平となるよう配慮しました。

広告コピーは時代の産物ですから、また

時が移れば評価も移るでしょうが、まずは、戦後六〇余年の「日本のコピーベスト」です。

人々の心を奪いつづけた、この日本のコピーライターの仕事集は、若きコピーライターのお手本としてはもちろん、さまざまなビジネスでの発想のヒントとしても有効であると考えます。

編集部

目次

## 凡例

一、「ベスト10」は決選投票により決定した順位で掲載しています。

一、「ベスト100」は、「ベスト10」を除いた90本のコピーを掲載しており、順位づけは行わずに年代順に掲載しています。

一、「ベスト500」は、「ベスト10」と「ベスト100」を除いた400本のコピーを掲載しており、順位づけは行わずに年代順に掲載しています。

一、「ベスト10」の原稿は、選者の氏名五十音順で掲載しています。

一、コピー表記、コピーライター名、広告主名、商品・サービス名は、原則として掲載時のものに拠っています。

一、コピーライターが不明の一部のコピーについてはコピーライター名を表記していません。

## 参考文献

『コピー年鑑』・『ＴＣＣ広告年鑑』
『ＡＣＣ ＣＭ年鑑』
『ＣＭ殿堂』

# ベスト10

# 第一位

# おいしい生活。

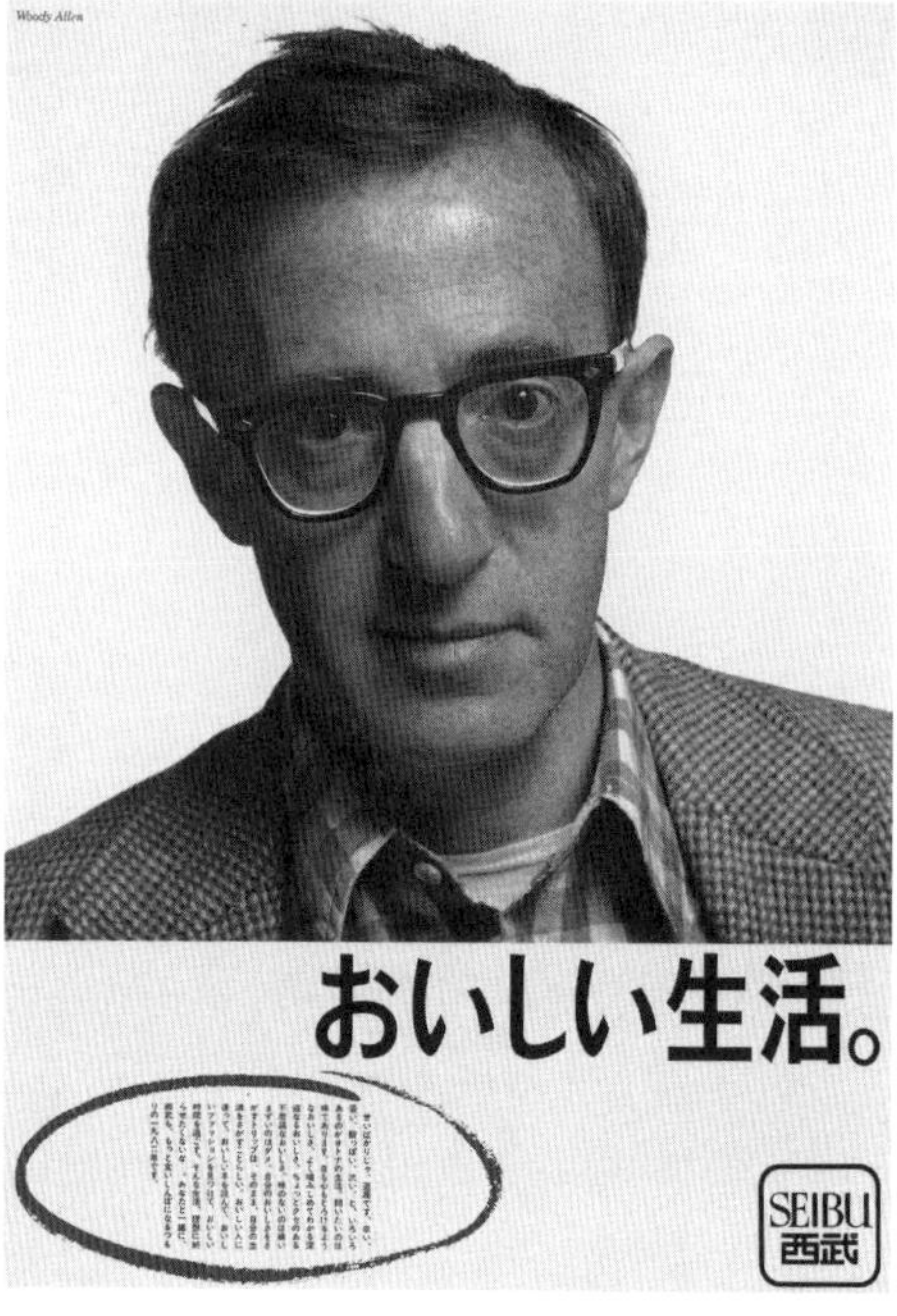


糸井重里　西武百貨店

この時代の西武百貨店。カッコ良かったです。言葉を持っていると感じられる百貨店でした。若者の普通の言葉を持っていましたね。その言葉を作っていたのはコピーライター。時代も元気だったのでしょう。バブルに向かっているときのほうが、時代は元気なんですよね。おいしい生活、とウディ・アレンさんが自筆で書いた筆文字がこの上なくチャーミングだった。「おいしい」も「生活」も普通の普通の言葉なのに、こう組み合わされたときに、ふいに生き生きしはじめて。「おいしい」も「生活」も新しい言葉になった。いつもの言葉の垢を落として、生まれ変わらせる。これこそが言葉の使い手の仕事です。（安藤隆）

コピーは時代を反映するが、時代をつくったコピーもあった。なんという的確さで、いまにつづく「消費という快楽」の時代を言い当てているだろう。それは、広告コピーが、そしてコピーライターが最も注目された時代でもあった。その時代そのもののヒーローが、やはり糸井さんであったし、このコピーであったともいえる。私たちはいまだに「飽食」しない。欲望は限りない。そうやって、この消費社会は存続している。その核心を突きつつ、いまも私たちのなにかをチクリと刺す批評的意味を持っている。コピーの中のコピー、いや、広告コピーという存在を越えてしまったコピーというべきかもしれない。（一倉宏）

糸井さんのコピーがわからない。この6文字を見るたびに、そう思う。なぜそんなに受けたんだろう。なぜ長いことこころに残りつづけるんだろう。あの頃の時代の空気を詳しく知らないという世代的な問題はあるとして、ただコピーライターになったいまも、この大きな不可解はボクの中ではいっこうに解決しない。とにかく制作上の思考プロセスが読めない。この世に出てくるほとんどのコピーは説明なしでもそれが読めるが、これだけはどうにも読めない。それがおまえの限界だよと笑われているような気もして、だからこのコピーを前にするとボクは、だんだん暗くなるのです。（岡本欣也）

広告がいちばんおいしかった時代のコピーだったの

かなと思います。そして、作者の、すこし皮肉っぽい知性が、この広告を見たあとに、じわりとボディに効いてくる感じがしました。「ほんとに、おいしい生活をしていますか」そんなふうに、耳もとでささやかれるような。（小野田隆雄）

このコピー以前にも百貨店はいろんな生活を語ってきた。けれど、このコピーはそのどれとも違っていた。おいしい生活ってなんだろう?と私に考えさせた。わかったようでわからなかった。でもわからないようでわかった。言葉になったことで意識できるものがあるのです。（児島令子）

「おいしい生活」が1位になってよかった。「想像力と数百円」も1位にしたかったです。ＴＣＣに、糸井さんとナカハタさんがいて、秋山晶さんがいて、眞木準さんがいて、小野田さんや、西村佳也さんが静かに佇んでいた、あのころのコピーライターって、かっこよかった。私の地元の大都会「池袋」の西武が、糸井さんによって、伊勢丹よりカッコイイ百貨店に見えた時期があったことにお礼したいです。広告業界の地位と、コピーライターの地位を上げた偉大なるコピーとも言えますね。コピーは、いいこと言っているなあ系と、うまい言い方するなあ系にわかれますが、このＷＨＡＴ ＶＳ．ＨＯＷの両方で、ひとり勝ちしているのが「おいしい生活」だと思います。座右の銘コピーです。（佐々木宏）

良くも悪くも高校生の時にこのポスターを見て、とにかく広告は文化を創るものなんだ、サブカルっぽくてカッチョイイ!と思いこんだ。このコピー以前に「コピー」というものを意識したことがなかったので、なんか商品に世の中動かすようなカッコいい言葉をつけるのがコピーだと間違えて思い込んでしまい、会社に入ってしばらく、基礎もないのにすべてにそんなのばかり書いていて、全くの駄目コピーライターでした。でも、進歩してないんだと思いますが、今でもそういう言葉を探し当てて使うのが本当のコピーライターだ、という幻想は追い求めていて、結局、人間は中学生・高校生のまま生きているんだなと強く思いま

す。カッコいいと思われたくて広告やってるんだろうな、カッコ悪いけど。（澤本嘉光）

「広告は文化だ」と語られた時代があって、その象徴的なコピーです。私個人的には、広告が文化であろうが無かろうが、興味はありません。広告屋という職業の、コピーライターという職能が生み出す販売促進の言葉だからです。西武百貨店という業態を前提として、生活者に訴えかけるこのコピーは一世を風靡しました。（仲畑貴志）

「百貨店」が人々に時代のトレンドを発信するという、まさにそういう時代のピークだった。そして広告業界という垣根を越えて、世間一般の多くの人々が「広告」という発信源に期待していたピークの時期だった。日本の広告史において、広告そのものが一大カルチャー的存在だった頃を象徴している、という意味で、言わば記念碑的なコピー、なのだろう。

（前田知巳）

「おいしい生活」は記念碑である。ぼくらの仕事が建立した素晴らしい記念碑である。このコピーを見るたびに背筋が伸びる。それを見つめる気持ちは誇らしさと尊敬と悔しさと取り返しのつかなさとコピーってなんなんだろとその他でないまぜである。

（山本高史）

# 第二位

# 想像力と数百円

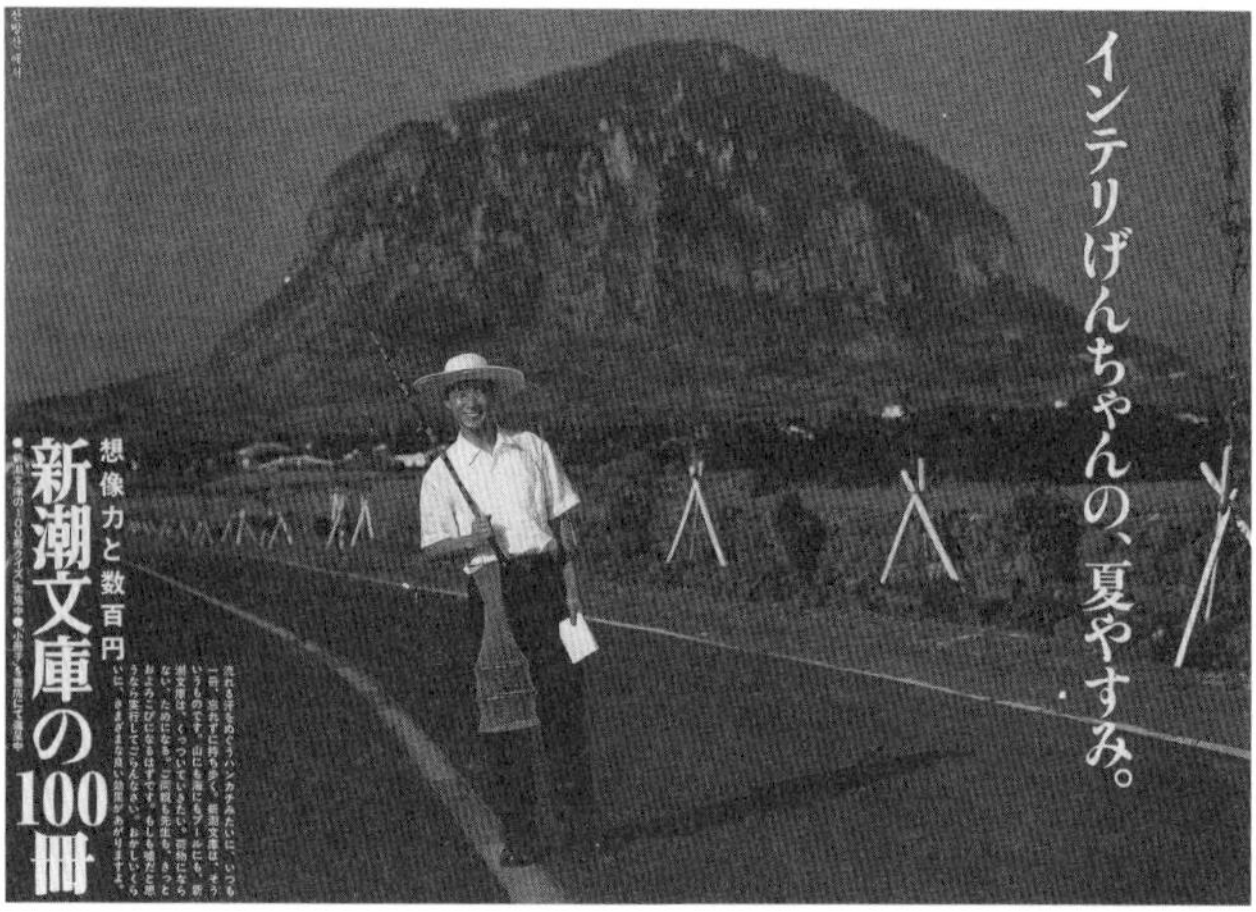
インテリげんちゃんの、夏やすみ。
想像力と数百円
新潮文庫の100冊

糸井重里　新潮社／新潮文庫

副田高行ＡＤがサン・アド時代のこと。隣の席で新潮社の新聞広告を作っていた。「井上君もダザイでした」というコピーでしたね。ダサイと読んじゃうね、などと眺めていたのですが、そのときロゴ上の「想像力と数百円」のコピーに気づいて慌てたのを覚えています。「想像力」という高尚と、「数百円」というお安さを並列する！　数百円というコピーがまた新しかった。数百円が好きだった。あと、新潮文庫という商品名についているのが良いです。この位置に来るコピーは、商品名と接するだけに、それこそ想像力から遠い言葉になりがちなのに、ここでもういっぺん夢を見させてくれます。（安藤隆）

これは「ショルダーコピー」だった。当時はそう呼ばれ、そう見えていたはずだ。けれど、これほど鮮やかな、ブランドのための「タグライン」はちょっとないだろう。これが、文庫だ。これが、ブンガクだ。そして、これが、セイシュンだ。いつ、何度見ても、ほれぼれとするコピー。

おそらく、チャップリンの映画の中の名セリフが下敷きにあるのだろうけれど、そちらがもってまわった言い方に思えてしまうほど、このコピーは鋭い。「数百円」がすごい。まいりました。これは歴史的、社会的にみた名コピーの「ＢＥＳＴ ２」というより、コピーライターが選んだ「コピーのお手本」という意味での「殿堂入り」に違いない。（一倉宏）

おもしろいおもしろいと世間が騒いだとか、ことあるごとに子どもたちが口真似をしたとか、そういう類いのコピーではない。広告のよしあしの判定はつねにミーハーなものであり、宿命的にそういった世間の反応なるものを基準にせざるをえないわけで、その意味においてこの2位はすなおに意外だと思った。じゃあ何位だと問われれば口ごもるしかないが、思えばその意外さこそがこのコピーの偉大さをはからずも物語っているのかもしれない。とても静かに読み継がれていく名作小説。その文庫版のように、こちらの名作コピーもまたじわじわとボクらコピーライターの心に深く浸食してきてる、ということかもしれない。
（岡本欣也）

私は日本の数々のコピーの中で、このコピーがいちばん好きです。好きというか、変な表現ですが 尊敬しています。このコピーを初めて目にした時、もしも日本が極端にインフレにならない限り、永遠に文庫本のショルダーコピーになるだろうと思いました。そして「想像力」という言葉が、まさに文庫本からの知性への誘《いざな》いになっていると思いました。（小野田隆雄）

どういう思考回路でこんな言葉の組み合わせを思いつくんだろう？ あまりにも斬新でいて最適すぎる。たしかに文庫本の広告で想像力を言う場合はあるだろう。数百円で買えることを言う場合もあるかもしれない。でもでも、それは別々の島にいる言葉だと思っていた。想像力と数百円が強力な接着剤で合体したことに、私は快感をもって感服したのです。糸井重里製のこの接着剤は時代を経てもその粘着力を失うことはないのでしょう。（児島令子）

昔、小学校の時に「電車とくつ」という題名の作文で、けっこう偉そうな賞をもらったことがあります。遠足の途中で、電車とホームの間に靴を落としてしまったが、先生がひとり残ってくれました。という全然面白くも何ともない話ですが、先生から、題名が良かったと誉められたのを覚えています。アメとムチ。王子と乞食。月と6ペンス。ラブ&ピース…。ふたつの言葉をくっつけると生まれる化学反応式コピーのグランプリでしょうね。しかし、残念です。新潮文庫は、なぜ、このコピーをずっと使い続けなかったんだろう。やめよう、変えようと言った人、誰なんだろう。（佐々木宏）

これは『おいしい生活』とは違って、学生ながらに「なるほどうまいこと言うなあ」と笑点みたいにはたと膝を打ったもの。世に言うハタヒザです。世にあまり言わないですが（偉そうですみません）。文庫本ってそうだよな、と思ったし、この7文字が『新潮文庫』という文字のそばにあると新潮文庫がすごくよく見える。本質なんだろうなあ、商品の。これを書ける人だから「おいしい生活」も書けたんだな、ということを広告を職業にしてから気がつきました。『インテリゲンちゃんの、夏休み』というポスターが好きで、近づいていって見たら『想像力と数百円』と小さく書いてあり、なんかワナを仕掛けられてあわせ技で説得されちゃった記憶があります。いいなあ。

（澤本嘉光）

私は、このコピーが1等賞です。装飾系のコピーや観念を語るコピーより、その商品の持つ特性をうまく言い当ててアプローチしているコピーこそ至上と考えるからです。文庫本という商品の価値を、じつに鮮やかに指し示しています。（仲畑貴志）

思えばこのコピーそのものが、見る人の想像力の程度を問う言葉だ。「文庫本」と聞いてあなたは何を想うか？　何かを想えるか？　何かを想えるだけの本との接し方をこれまでのあなたはしてきたか？　本とは、どれだけ甘美で刺激的な時間をもたらしてくれる存在かということをあなたは知っているか？　本好きのプライドを絶妙にくすぐり、そうでない人には未体験への好奇心を抱かせる。「本を買って読む」という行為の本質を突ききったシズルコピーだと思う。

（前田知巳）

想像力に値段はつけられない。仮に値段がつけられても、5万や10万ではないだろう。そんな「想像力＋数百円」の値打ちのものが、わずか数百円だけで手に入るのである。えらい思い切ったディスカウントに出たものである。もちろんコピーライターは（アンタに想像力があることが前提だけどね）と行間（んなものはないが）でベロを出しているが。（山本高史）

第三位

おしりだって、
洗ってほしい。

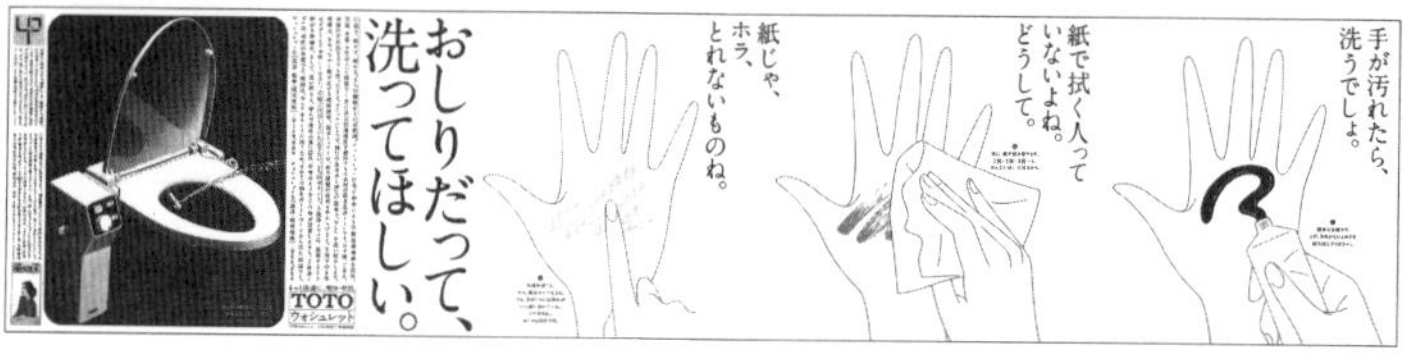


仲畑貴志　東陶機器／ウォシュレット

なぜ「おしり」なんだろう、おしりというと、臀部《でんぶ》全体を指しちゃうじゃないかと。あ、でも、だからといって、肛門は無理。それはわかる。こうもん、と平仮名にしてもね。「こうもんだって、洗ってほしい」無い、無い。そうか、「お尻」はどうだったんだろう。おしり、が一瞬わからなかったのでそう思った。でもお尻もないか。ないな。リアルすぎると必ず言われる。読者から。「おしり」しかなかったんだ結局、と当時、闇から闇へひとり納得した次第でした。「だって」も見事。同じ身体なのに、拭くだけのおしりはかわいそう。「不当な扱い」という関係性の中に置いたところがドラマでした。お尻を洗うことは正義の執行だったわけで。広まらないわけがなかった。

（安藤隆）

「話題になった」「ながく記憶される」だけでなく、そもそも「商品を売った」という広告的機能からいえば、このコピーが1等賞であってもおかしくないと思う。いまでこそチャーミングな、微笑ましいコピーにも思えるけれど、これは当時のタブーを破った、センセーショナルな広告だったことも、若い読者たちにはぜひ知ってほしい。たぶん、この広告の成功がなければ、そのまま消えてしまい、存在していなかった「いまはもう常識」「生活文化のひとつ」かもしれない。おかげで、商品は世に認知され、歓迎され、スタンダードとなり、いまでは海外からの憧れも向けられる。そういう、でっかい仕事をなしとげたコピーなんだ、ということを。（一倉宏）

長らく不器用にいろんなものでおしりを拭いてきた人類が、これからはおしりを洗いはじめるというのですから、これはただごとではない。普通のコピーライターなら、そわそわし、あたふたし、力んで顔を真っ赤っかにするところを、仲畑さんは力まなかった。見たわけでも聞いたわけでもないけれど、そういうことだとボクは勝手に理解している。力まないフルスイング。それこそが彼方に消えるホームランとなることをこのコピーは教えてくれる。画期的な商品と画期的なコピー。広告史における、その幸福なカップリングの代表例。（岡本欣也）

画期的な商品の登場を、もっとも端的に表現した商品コピーであると思いました。そうなんです、ほんとうにそうなんですね、あの商品に関して言えば。このように言い切った思い切りの良さに感動したコピーでした。（小野田隆雄）

お尻が洗える便座はあまりに画期的新商品すぎて、ただお尻が洗えることをいくら言ってもきっと人々には届かない。このコピーのすごいところは、「なぜこの商品を買わなければいけないのか？」をお尻の気持ちで訴え納得させているところです。この広告を見た私が、いままでなんで洗ってあげてなかったんだろうと自らを悔いるくらいに。（児島令子）

戸川純さんが、「今まで紙でごしごし拭いてましたよね」と言っていたり、グラフィックで、美しい女性のイラストに「テレビでよく見るあの女優さんも、きっとちょっとついています。」と書かれていたり。本音トーク炸裂には驚いた、笑った。でも、これほど見事なビフォアアフターというか、紙で拭いていたことがいかに野蛮行為だったか思い知り、でも、洗うというのはどういうことなのか、想像して赤面したり、おしりが主語かよ、と驚いたり、おしりさんの切なる願い、という可愛げに、救われた感じもしたり。ウォシュレットがまだ普及していない欧米諸国にも、このコピーで是非訴求していただきたいです。でも、英語でのおしりは、なんだろう？　ｈｉｐじゃないだろうし。（佐々木宏）

まず、技法とかはもう僕が言うのもおこがましいくらいなので書かなくていいと思うのですが、なにより学校ですごく話題になって流行ったというのが第一の尊敬理由です。流行るってことは、気になるから流行る訳です。共感もするから流行る訳です。そりゃ尻も洗って欲しかろうな、と思うから。きれいごとで、上手で、クライアントさんも満足、でも、残らない、というようなコピーは本来の『広く告げる』という広告の役割を果たしていないのだと思いますが、つまりお尻以下ですが、これは文字通り文字の力だけでも広告となってしまえる実例だと思います。最近そういう文

字だけでも独立して広告になってる、というものが少ない気がしてきました。（澤本嘉光）

新しい提案を持って生まれた、商品が書かせたコピーです。（仲畑貴志）

最先端なことを、いかにも最先端なふうにいうのは簡単だ。でも、最先端なことをお年寄りから子供まで普遍的に、つまり誰にとってもやさしい言葉で実感してもらうのはどんなに難しいことか、そしてどんなにすごいことか。そういう意味でこのコピーは、これからこそ、ますます、様々な（複雑になりがちな）新製品広告のお手本であり続けるはずだ。（前田知巳）

商品に消費者にとっての明らかなベネフィットがあれば、商品像を広告があらためて表現し直す必要はない。つまりコピーライターの巧妙な技術の出番は少ない。黙って重い球をまっすぐに投げればよい。技術をあえて駆使しないことも技術だ。正確に言うと、技術を駆使しないフリをして技術を駆使することも技術だ、であるが。（山本高史）

# 第四位

# 男は黙って
# サッポロビール

秋山晶　サッポロビール

この当時サッポロビールといえば「ミュンヘン　サッポロ　ミルウォーキー」が頭にあって。「男は黙ってサッポロビール」も、どこか標語のようなものに見えていたのを覚えています。筆文字とか、どこか七五調な響きのせいもあったのでしょうが。その一種コピーらしくない感じが、このコピーの強さではないでしょうか。ですから標語がいつのまにか居座っているように、疑いなく身体の中にスッといましたね。このコピーとほんとに出会った感じがしたのは、コピーライターになって何年もたってからです。思いの高さとウケ狙いの調合とか、とにかくもろもろの調合。凄いコピーだなあと感じ入った次第でした。思いましたね。今日も。（安藤隆）

当時はなにがしかの目的があって構想されたコピー、という話を聞いたことがあるけれど、そんな背景は大きく越えて、「男は黙って」といえば、まるで昔から語り継がれていたような「日本の美学」、まるで格言や成句のような存在となった。有無を言わさぬ名コピー。細谷巖氏による新聞広告のデザインも名作中の名作であるけれど、そもそもこのコピーの持つ、漢字とかなとカタカナの配置、バランス、その美しさと力強さにも注目してほしい。ことばの座り、自信と余韻。この、歴史的名作広告は、コピーそのものの格調と優美さから生まれた。それにしても、コピーとデザインの「完璧なる結婚」と言わざるをえないだろう。

（一倉宏）


父とビール。わたしにとってこれは切っても切れない関係にある。父はわたしが幼少のころ他界したけれど、ネクタイとカフスをはずした父親がビールを飲んでる光景だけは、30年以上経ったいまも忘れない。わたしのビール好きも思えばそこに起因するのかもしれない。いまだに父は、わたしの中では、ビールの前に座ってる。「男は黙ってサッポロビール」この広告を前にすると、そんな個人的な記憶が溢れ出て、恥じらいもなく語りたくなる。そしてこのコピー。あのころと比べればたぶんけた違いに無駄口ばかりをたたいてるわたしたちへの、あたたかい説教に聞こえる。

（岡本欣也）

「男は」などとコピーを始めると、ふつうはろくなことになりません。ありふれた言葉があとについてきそうで。けれど「黙って」であり、次に商品名です。何も言っていないのですね。そこに底力のある美学を見ました。永遠の男がいるんだな。（小野田隆雄）

きっと生き方を語っているのですね。「男は黙ってサッポロビール」という生き方を。その生き方は昭和の価値観なんだろうけど。いまは男も女も、しゃべってサッポロビールな時代なんだろうけど。でもやっぱり「男は黙ってサッポロビール」な生き方は消滅して欲しくないのです。（児島令子）

間違いなく、日本一男らしいコピーでしょう。三船敏郎という文句なしの役者と、あの筆文字でコピーが見得を切ったようなレイアウトで、やはりスターはこうやって作られるんだなという感じの、大スターコピーでもあります。男はこうあるべきだとか、その辺の広告に言われると何なんですが、男は、そうだ、サッポロビールだ、と黙って納得したもんです。商品名が、キャッチの中に入っているコピーは好きですが、男は黙ってサントリープレミアムモルツ、と言われてもなんだし、男は黙ってメルセデスベンツ、というのも、ちょっと強引だし、やはり、ここは、「サッポロビール」というコピー以外あり得なかったのだと思います。（佐々木宏）

強いなあ。だいたい、コピーで飲み方提案までしている。つべこべ言わずに、とも聞こえるけど、泰然と、とも聞こえる。じっくり味わって飲め、とも。悩むな、とも。いくつもの意味に解釈できて広がる言葉。そして、何よりも品格と知性を感じる。「品」は、実は僕はすごく大事なものだと思うが、結局は書いた人から滲み出るしかない。仮に今このコピーを使っても、サッポロビール、もの凄くうまそうに見える。実は年齢的にリアルに広告を見た記憶はないのだが、テレビ番組で「男は黙って○○○！」のような使われ方を当時たくさんしていた記憶が子供ながらにある。大事なことだと思う。広告を起点として、言葉の力で世の中が何にしろ動いたのだから。（澤本嘉光）

商業活動の表現ですから、商品名をコピーの中に振り込むことができれば理想です。が、なかなかうまく行かない。たくらみが、前面に出てしまうからです。それを、軽やかに処理した、一発フレーズ、ショート・コピーのお手本となるコピーです。　（仲畑貴志）

冗舌ではない。にして、その当時のビールの気分を見事に言いきっている。ビール独特の苦みをかみしめる感覚が伝わってくる。それを見事に伝えながら、このコピーはまた、「うまさなんてくどくど説明するもんじゃない」という、ビールならではのもうひとつの本質を踏まえて書かれているコピーなんだなと、それが今あらためてわかる気がする。　（前田知巳）

ベスト10にクライアント名の入っているコピーは、このコピーを除いてひとつもない。おそらくこの本全体に広げて見てみても、稀なはずだ。逆に言うと、このコピーライター、「男は黙って」しか書いていない。３つ並べても、「男」、「黙る」、「サッポロビール」だ。しかし「男が黙る」ということの、如何に饒舌であることよ。キャッチフレーズは短いほうがいい、とはこの仕事の定説だ。それを正確に言うと、「言葉は端的に、そして受け手の知性を最大化できるようなコピーを」ということなのだとあらためて理解する。感謝します。

（山本高史）

# 第五位

# モーレツから
# ビューティフルへ

古川英昭　富士ゼロックス

「ビューティフル」という言葉がとにかく新鮮でした。ビューティフルといえば外面的な美しさの意味しか知らなくて。それは大半の日本人がそうだったと思います。「モーレツ」のほうは当時流行していたので、文脈からおよそのニュアンスはわかったのですが。モーレツはヤだなあ、モーレツサラリーマンになれる自信ないなあ、とびくついてた。そのモーレツから、ビューティフルへ？　良いんじゃないかい！　意味は徐々に身体に入ってきたという感じです。ちなみに「モーレツからスマートへ」というわかりやすいコピーだったら、力は持たなかったでしょう。ビューティフルは実際に時代を動かした気がします。コピーライターという職業に興味を持ったコピーです。

(安藤隆)

思い出話をします。あれは１９７０年、私が高校に入学した年です。反戦、反安保の気運は高校生のあいだにも広がり、政治活動禁止の通達が出され、退学者や自殺者が出て、一方で、西海岸からヒップでラブ＆ピースな風が吹いていて。そんな時代の、鮮烈なCM。このコピー、この社会派のメッセージは、ひとびとからも非常に肯定的に受け入れられていたのです。私はそう記憶します。企業のメッセージだけど、そうだ、そうありたいとみんな思った。なんて美しいCMだったことだろう。しかし。70年代は「ビューティフル」だったか。80、90年代は？　この時代の、この瞬間までが、日本人がまぶしく見上げた、もうひとつの「坂の上の雲」だった、かもしれない。

(一倉宏)

コピーライターなら、誰もが願う。時代の変革を高らかに宣言するようなでっかいコピーを、一生に一度でいいから書いてみたいと。あまりにもモーレツに願いすぎて、様子がおかしいコピーライターのことを、コピー界では「モーレツからビューティフルへ病にかかったな」というのである。というのはもちろんウソですが、仮にそういうことを言う人がいたとしても、コピーライター経験者ならさしたる違和感はないはずだ。それほどこのコピーは、時代という直接見ることも触ることもできない要するにわけのわからないものを捕まえてぶん投げたうえ、世の中がビンビン反応したという奇跡のビューティフルコピーなのです。

(岡本欣也)

時代を切った言葉、と言うべきかもしれません。このコピーから何十年が経過したのか、いまだ日本国はこのコピーを必要としているようにも思えます。すでにモーレッツになるほどのエナジーもないのに。いまだ、考えさせてくれるコピーです。 (小野田隆雄)

モーレツと決別する言葉としてビューティフルを選んだ感覚が先鋭でかっこいい。「ビューティフル＝美しい」だけではない。ひとことでは日本語に訳せないビューティフル。一方的な価値観の押しつけじゃなく、ビューティフルの意味をみんなでこれから作っていきましょうな感じがする。時代へのアンチテーゼを感じるCM映像とともに発せられたからこそより刺さったのでしょうね。コピーライターとしてこういうコピーを書けたら本望だと思います。 (児島令子)

このコピーを見ると、未だに猛烈仕事人間と称され、ビューティフル度が低い自分をあらためて思います。日本人は、このゼロックスのコピーによってエコノミックアニマルや猛烈型であることをやめたけれど、ビューティフルでも何でもない、ただの腑抜けになってしまった部分があるかと思います。景気が悪くなり出したのもこのコピーのあとの頃からじゃなかっただろうか。もしかすると、誉めちゃいけないコピーなのかも。地球に優しくエコ、とか、ゆとりを大切に教育、とか、のんびりサボっているほうが優遇されてしまう日本。その衰退を招いた元凶コピーでは？ そろそろ、「ゆるキャラから、モーレツへ。」とか、どこかの企業が言い出すのでは？ (佐々木宏)

この言葉は大変有名なのですが、僕は資料的なものでしか接したことはないのでその当時使われたときのセンセーショナルだった雰囲気や時代背景などが今ひとつわかりません。言葉というよりCMの印象を語ることならできるのですが、ただ「BEAUTIFUL」と書いたボードを持った男が街をうろうろしている映像に

BEAUTIFULが歌い込まれたサイケデリックな（?）歌が流れて、最後に「モーレツからビューティフルへ」というコピーで締めるもので、この映像がコピーの伝播に果たした影響がとても大きいと思っています。ある種、行動を減らしていく引き算でもあるのですが、映像と言葉のミックスが力を持った好例だと思っています。（澤本嘉光）

日本の高度成長の果てに疲弊した人々の心へ語りかけたコピーです。豊かな日常へ転換しようと舵を切った、その先の今の現状を見ると、わたしたちはナニカを間違ったように思います。「モーレツ」はまだ固定的に確認できるが、「ビューティフル」というやつは、どうも摑みにくいのでした。（仲畑貴志）

コピーは時代の鏡、というが、それは企業にとって、広告というコミュニケーションづくりにおける基本中の基本ということかもしれない。それはその時代を、そしてそこに生きる人々の、いま生きている実感を何よりも大切にするという態度だ。知らぬ間に、まず自社で「うまく通す」という意識にとらわれるあまり、世の中よりもついつい社内ばかり向いてしまう広告づくりの怖さを想う。人々からの「単なる選択」と「大いなる支持」の差をつくるのが広告の大きな役割だということがわかるキャンペーンだった。（前田知巳）

高度経済成長期（よその国の出来事みたいだ）の広告は、社会と寄り添うように存在していた。広告が社会を語ることでモノが売れて、モノを売ることが社会を進化させ改善した（ますますよその国の出来事だ）。「ビューティフルへ」なんてビューティフルなことを言っているが、この一行にあるのは議論だ。自分の価値観のために戦う姿勢だ。必ずしも広告は社会性を明確に持つ必要はないし、その折々の広告のあるべきカタチはマーケットが決定することなので、身の丈の短さを恥入ることはない。ただ、ぼくらの広告は何と戦っているのかね、戦ってすらいるのかね（天に唾）?（山本高史）

# 第六位

触ってごらん、ウールだよ。

西村佳也　国際羊毛事務局

触ってごらん、の言葉に導かれて、想像のうえでウールの生地に触れようとする指先の感覚に集中する。極限にまでふくらんだ想像上のウールの柔らかさに触れたとたん、あっと声が出そうになる。ほとんどエロスの世界です。ウールの良さを、指先の感触ひとつに絞ったのが非常に新鮮でした。快いのは七五調のせいもありますかね。他にも名作を思い出します。「さくさくさく、ぱちん」。ウールをシズル感で表現した一連のコピーは、表現としても新手法だったと思います。僕自身もそうですが、国際羊毛事務局のこのキャンペーンによって、ウールを認識した日本人は多いと思いますよ。（安藤隆）

なんてやさしい。なんて正しい。なんてあたたかい、このコピー。広告表現の大きな柱は「シズル感」、というのはそのとおりだけれど。押しつけがましい、まるで洗脳してやれと言わんばかりの、こういうのを見れば飲みたくなるだろう、ほれ、と高をくくっているようなビールの広告なんかとは「地上の雲古と天上の雲」くらいの開きがある。人間にとって「生理」はおおきい、つまり「急所」だ。だけど、そこをこんなに上品に、ナチュラルに扱ったコピーは例がない。「書けそうで書けないコピー」の筆頭だろう。いまも、これはシズル重視で、そういうコピーがほしい。「触ってごらん、ウールだよ。」みたいな、とか、よく言われるのだけど。それがいちばん、むずかしいんだ。（一倉宏）

なぜだろう。語ればすべてがその手からこぼれ落ちてしまう。語れば語るほど、手のひらでしっかりすくったはずなのに、スルスルとおもしろいように指の隙間から商品や企業の魅力の核心部分が逃げていく。コピーライターをやってると、その感覚にとらわれることが多々あります。全仕事がそうだといってもいいかもしれない。語ることと、語らないこと。答えなくそのはざまをウロウロするわたしの、常に立ち返る場所。手触りも機能性も高級感も何も言わないけれど、それがぜんぶ入ってる「触ってごらん、ウールだよ。」と「さくさくさく、ぱちん。」は、わたしにとっての大切な言葉です。（岡本欣也）

品質を言葉で言うのはむずかしい。この作者は、そのことを拒否した。「ともかく食べてみてください、おいしいですから」というような原始的なセールストークの形なのですが、「触る」という肉感的なフレイズが、ウールを決定的にチャーミングにしてしまった。すごいクドキ文句ですね。（小野田隆雄）

「〜ごらん」、「〜だよ」と、もうコピーそのものがウール100パーセントなのです。そのふわりとした柔らかな言葉の投げかけに、ウールのあたたかな温度感と質感を人は想起するでしょう。誰もが何かしら記憶している羊毛の感覚を静かに呼び覚ます名コピーです。言葉のウールマークです。（児島令子）

西村佳也さんは、私がコピーライターに成り立ての28才の頃、武者修行で、半年間ほど時々通わせていただいた先生です。まだ若い頃に書かれた、この「触ってごらん、ウールだよ。」は、西村さんの穏やかな声が聞こえてきそうなコピーです。グダグダ言っている中に入ってきて、「ほら、触ってごらんよ、ウールなんだから、ほらね」と解決してしまう。「あ、ホントだ、触ればわかるんだ。ということは、つまりウールっていいものなんだろ」と説得してしまう。

名医のような風貌の西村さんに、触ってごらん、ポリープだよ、ほら。とか言われたら、安心して手術してもらうだろう。言葉だけが巧みな迷医だとしても。騙されてもいいやと思うだろう。（佐々木宏）

この言葉は遊ばせていただきました。小学生の時「触ってごらん、お尻だよ」とか、まあいろいろ「触ってごらん」と言いながら触らせていました。「ごらん」がいいんですよね。ウールは触らないとその気持ちよさがわからないものだからいろいろ言うより触ってくれ、気持ちいいよ、というのを、ウールな優しい言い方で。言葉のふんわりした「だよ」な感じ自体がウールっぽく気持ちいい。「です」じゃなくて「だよ」が「いいこと教えてあげてる」感が。のちに「一度でいいから飲んでくれ」という洋酒の広告がありましたが、考え方は同じものの姿勢違いだなと。「一度でいいから触ってくれ」だとなんだかウールじゃない

剛毛みたいですものね。（澤本嘉光）

シズルを味方にする表現は強い。ところが、視覚表現では比較的容易な質感訴求も、言葉で表わすとなると、かなりやっかいです。このコピー表現の口当たりはやわらかいけれど、本質はテキヤ系です。だから強いのですね。脱帽です。（仲畑貴志）

いいコピーは、文字だけで、しかも瞬時に、人にいい風景を見せ、いい味を感じさせ、いい香りをかがせることができる。このコピーは、見る人に触感や温かさまで感じさせてしまった。それは、「ごらん」「だよ」という、言葉そのものの人格まで綿密に計算されてのことである。（前田知巳）

知覚が知覚で終わるのは、広告においては弱い。広告が関わるたいていの商品やサービスには、五感で確認しなければならないベネフィットがあるからだ。ところが言葉の担う領域と言えば、見て視覚、聞いて聴覚、あるとして第六感、しかない。だからこそ、それがコピーの醍醐味である。視覚、聴覚（第六感はおいといて）という一見脆弱な道具を手にして、受け手の群れの中に飛び込むのだ。（あ、また広告屋が来たよ）触ってごらん、（なに言ってんだ、コイツ）ウールだよ、（あ、ホントだ、ウールだ。そうだよウールって触感がまったく違うんだよ）ウールマーク、（そうだね、ウールマークがついてないとね）。ほらね？（山本高史）

# 第七位

好きだから、あげる。

好きだから、あげる。

私の心のふくらみを、
大事に包んで贈ります。

好きだから、あなたへ。

プレゼント選びのコツ、教えてあげる。まず、目をとじて、好きな人の顔を思い出し、じーっと見つめる。そう、じーっと心の目で見つめつづけるのです。と、ホラ、その顔が見つめ返して来たり、微笑んで来たり、ときにはウインクなんかもしたりする。そこで、うれしくなって目を開けてはいけません。さらに見つめつづける。すると、今度は全身が見えて来る。動き出す。いつもの、あのしぐさでイキイキと。・このときの服装は、いかにもあの人らしいなあと思わせるものと、相場が決っています。だから、あの人の嗜好や趣味が、手に取るように見えてくるわけですね。そこで、この人を喜ばせるには何が良いだろうと考える。もちろん、驚かすには、とか、感激させるには、とか、泣かせるには、と、目的を変えるのは、あなたのご自由。目の前に、ちゃんと、あの人がいるのだから、これはカンタン。突然、ひらめくのです。ピッタンコのプレゼント。好きだから、あげる、プレゼント。マルイは、そんな、素直な、ひとりひとりの心から出発するプレゼントを応援します。「好き」という気持の自然なふくらみを、あなたのカタチに包んで、どうぞ。おなじみのプレゼント包装紙に、ピンクやブルーの手形シールをはってさしあげます。プレゼントのチャンスは365日あるのですが、時、まさにサマープレゼントの季節。相手の好みをしっかりとらえたプレゼントは、習慣で贈るギフトの中で、ひときわ光ることでしょう。今こそ、「好きだから、あげる」。
・365日 丸井はプレゼント・
0101

仲畑貴志　丸井

人間って自分がなにを思っているか、知らないで暮らしていることも多い。たとえば朝、広告のコピーで言われて、あ、それ思ってたことだ、と意識が開かれる。コピーじゃなくてもよいわけだけど、それがコピーの言葉だったことが、以前はかなりよくありました。「好きだから、あげる」は僕にとってその代表じゃないかな。「あげる」には、わたしをあげる、という意味深が隠されていました、と思います。CMでは、服を着てるか定かでない女性が、マルイの包装紙に自分をくるんで出てきました。あげるということは、モノに託して、気持ちをあげる。気持ちとはイコール自分だから、モノをあげることは、自分をあげる、ことである。と考えれば、裏の意味もまたとても正しいのでした。（安藤隆）

史上最高速を記録したコピーだろう。その記録はいまも破られていない。

「A地点からB地点を結ぶ最短距離は直線である」という、ユークリッドの幾何学を、コピーにおいても証明してみせた。もちろん、ストレート、剛速球なら届く、というほど人間のハートは単純じゃない。誰でも納得する心理の、真理を、すっと一本の線で描出した。みんな、おお、と喚声をあげた。これ以上はない。私事になるけれど、この数年後に、まさにこのクライアントのこのキャンペーンを担当して。ほんとうに困った。どう考えても、投げるところが、投げる球がなかった。困ったあげくに、スローカーブの「言葉がヘタだから」というコピーを書いた。（一倉宏）

男は出世をしなければいかんとか、女は家を守らねばいかんとか。いまにして思えば窮屈な「いかんの思想」が幅を利かせた昭和の時代。好き嫌いでモノを言ってはいかん、という頑なご意見もその時代にはありました。それらの価値観が衰えながらもまだ尾を引きずっていた昭和50年代中盤。バブルによって、人々の物差しが入れ替わる、ひとつ前の時。そういうタイミングで、このコピーは世に放たれたのだ、ということに着目したい。そのタイミングだったからこそ、このむき出しの原理原則は、深い納得だけでなく、過去の日本の建前や常識をひっくり返した爽快感を、人々

に与えたのだと思う。何を、どう、書くか。それも大切だが「いつ世に出すか」はもっと大切かもしれない。（岡本欣也）

微妙なコピーです。贈答期のコピーでしたね。このあっけらかんとしたストレートなセクシーな明るさに、なんだかうれしくなったコピーでした。こういうマイナスイメージゼロというのは、ほんとうにプロフェッショナルな仕事なのだな、と思いました。

（小野田隆雄）


一見あたりまえのような言葉だけど、キャッチコピーとして登場することで何か発信してる気配を感じるのです。それをあえて言うか、わざわざ言うかみたいな。人に贈り物をする原点の気持ちだけど、誰も言ってこなかったこと。あたりまえのようだけど、あたりまえでもないことだから気持ちいいんだろうな。

（児島令子）


最初は、ビジュアルの裸の包み紙女性にも引っ張られて、私を差し上げます、のほうの意味だと思ってしまったコピーです。贈り物の概念を変えるような画期的なコピーなんだと気づいたのはだいぶ経ってからでした。恥ずかしながら。お世話になったから、の義理プレはやめよう。お中元とかお歳暮って、ヘンな風習だなとも気づいた。話は逸れますが、私はナカハタさんの「世の中、バカが多くて疲れません？」（エーザイ）を3位にしたが、ベストテンに入っていないのは意外。残念。個人的共感は圧倒的に第1位だった。

……で、話は戻りますが、ある日、好きな人にしか、出さない。というコピーが書かれた年賀状がナカハタさんから来たときはうれしかったです。（佐々木宏）

買い物をする時や、プレゼントをするときは常に何か言い訳を考えているわけで。何かしら理由を付けないと買えないというか。でも、その理由は、本当はすべてこのコピー通りなのだと思える。特に、丸井で買うような商品は。好きでもないのにあげる（あげないといけない）商品は別の店では買いそうだけど。丸井って、確かに自分にでも、人にでも、「好きだから」

という理由で買いに行く店だった。でも、そうなったのはこのコピーの力も大きいのだろう。ただの駅前デパートだった気もするから、以前は。コピーが装飾なくここまではっきりと気持ちを代弁して言ってくれると、何だか自分が丸井に今来ている意味がわかったりもして。（澤本嘉光）

モノをあげるのだけど、ほんとはこころとカラダもあげたいのです。（仲畑貴志）

かつての日本社会というのは、お中元やお歳暮に代表される「実はそれほど好きでもない相手にも義務として何かを贈る」という行為が今よりずっと一般的だったのだろう。だとしたら、このコピーを見てハッとしたり、もっと言えばわが身を内省したりする人も結構多かったんじゃないだろうか。このコピーは「贈る、ということの究極の意味」を言い当てているのはもちろんのことだが、それだけではない、当時の（旧態依然とした）世の中への批評精神をすごく感じるのである、深読みかもしれないが。「贈り物」から「プレゼント」へ、「百貨店」から「マルイ」へ、という解放感がそのまま伝わってくるコピーだった。

（前田知巳）


好きな人にものを贈るのは素晴らしく満ち足りた体験だ。ある人の顔を思い浮かべ、その顔の下にネクタイを結んでみる。ある人が好んで注文するツマミを思い出し、その範疇にありながらそれより少しだけおいしいものを選び出す。ある人が普段から欲しがっていてそれを聞かないフリをしていたものをそっと買って、その人の驚く顔を想像する。それもこれもどれも、あなたが好きだから。もうっ、「好きだから、あげる」なんて言うなんてずるいなあ、そうだよ、好きなんだもん、オレだってもっと贈っちゃうよ。

（山本高史）

# 第八位

なにも足さない。
なにも引かない。

西村佳也　サントリー／サントリーピュアモルトウイスキー山崎

山崎はモルトウイスキーだけで作ったピュアモルトウイスキーだから、ブレンドという工程はありません。そこで「なにも足さない。なにも引かない。」。混ぜのないピュアさを表すのに、いさぎよくて心地がよい。ポイントは、「なにも引かない。」という表現かもしれないと思っています。ウイスキーのブレンドの実際の工程に「引く」という作業はない、ですよね。こいつは加えるがこいつは加えない、こいつは少量にする、という判断を「引く」と表わしているのかもしれませんが、でもそれより「なにも足さない。」を補強するコピー表現として効いていますよね、「なにも引かない。」が。良い意味での誇張で、非常にテクニカルなコピーらしい表現だと思います。（安藤隆）

これは何のコピーか。モルトウイスキーのコピーだ。ほかの商品でも成立しそうな気がするけど、やっぱりモルトウイスキーがぴったりくる。

このコピーを何年か使った後に、クライアント内では「そろそろ次の展開をしたい」という意向もあったと記憶する。しかし、使いつづけた。このコピーは「動かない」。動かしがたい。それだけ本質を突いている。

商品もコピーもスタンダードになった。不動のコピーだ。あなたがコピーライターなら、一生にひとつでも、こういうコピーを書いてみたいと思わないだろうか？（一倉宏）

ボクはいま、じぶんが何を食べているのか知らない。商品名を知るだけで、実態をくわしく知らない。あまり意味のとれない成分表示を、一応のぞきこむといった振る舞いが何となく日常化した現代のわれわれに、なぜだろう、そのことをいちばんに主張したかったわけではないはずの、モルトウイスキーのコピーが入ってくる。これは、ウイスキーのコピーとして生まれたが、食全体の理想を語った言葉でもある。あるいは、ものづくり全体の理想を語ったコピーでもある。もちろん、コピーづくりの奥義を語ったコピーでもある。夢や理想や幸せは、語ればすべてがつながっている。（岡本欣也）

シングルモルトのウイスキーを、これ以上どのように表現すれば良いのか、わかりません。核心をズバリ言い切っていると思います。「創造力と数百円」と同様に、時代が変わっても消える必要のないコピーであると思いました。アイデンティティーの表現なのですね。（小野田隆雄）

なにもしていないのではない。なにも足さず、なにも引かないということをあえてしているのだ。と感じさせるコピー。同じコピーを長く使いつづけることで、ウイスキー作りへの一貫した強い意志が伝わります。（児島令子）

ピュア、と言っておけばいいや、と普通は思うところを、コピー名人芸・西村さんは、ごく簡単な算数を教えるように、諭すわけです。完成度が高くて、品位があって、神棚に奉るしかない。西村大明神。山崎に何か新素材を足して新発売するようなことがどうかありませんように。そういえば、コクがあるのにキレがある、というのも一世を風靡したと言われたが、いかがお過ごしだろうか。あれも言いたいこれも言いたい、とりあえず、言ったモン勝ちのコピーが跋《ばっ》扈《こ》する中で、商品と一生添い遂げてくれるような包容力のあるコピー、商品がなくなっても、まだそこにあって欲しいコピー。一度でいいから書いてみたい。…ものだが、ま、普通、書けない。（佐々木宏）

なんだかもう禅みたいなコピーです。僕が書くまでもなく、山崎というものの性質、品質を言い当てているだけでなく、この言葉が何となく持っている、「禅」というか、「和」の感覚が日本のウイスキーの最高峰ということを自己主張することなくかもし出しているのが素晴らしいです。この過度な自己主張ではなく、きちんと主張するという美しさが、品と格とに結びついているのだと思います。大人だなあ、と思います。（澤本嘉光）

本物が見えない、添加物に対する不安が増幅してきた時代に、商品の自信を見事に語りきったコピーです。商品を本質的なところでうまく書き表すと、この

ように滞空時間の長い表現となるのですね。（仲畑貴志）

本物、本当の意味で価値あるものとは、何も華美に飾られたものではない。何かを華美さでごまかしたものではない。「高かろう良かろう」ではなく、今となっては当り前となった「信じられるものだけには、それなりの対価を払う」という生活者意識の、まさに先駆けとなったコピーだと思う。このコピーに「おいしい」的な意味の単語は何もない。なのに、他にはない美味さ、そして希少さを想像してしまったことにとても衝撃を受けたのを憶えている。（前田知巳）

足すことは言うまでもなく計算である。引くことも同じだ。足したり引いたりの計算に汲々としているようでは、まっとうな人間にはなれそうにない。ぼくはこのコピーは、こうやってここで書こうとあらためて向き合うまでは、商品のことを述べているのだと信じて疑わなかった。しかしその端正な立ち姿の内側には力強い人生観が見え隠れしている。リアルタイムに接したときには、それに気がつかないくらい幼い大人だったということか。（山本高史）

# 第九位

恋は、遠い日の花火ではない。

小野田隆雄　サントリー／サントリーオールド

恋は遠い日の花火ではない、とは、中年男だって恋愛できる、諦めるのはまだ早いという意味ですよね。あわよくば若い女性との。ＣＭから感じとれる本質はそんな本音で、隠したつもりの丸出しがせつなかったでしたね。コピーはときどき上手に猫をかぶります。すると許される。というより熱烈歓迎される。コピーがとても絵画的な表現になっているので、踏みとどまれたのだと思います。オールドは長く家族の長のウイスキーでした。それと正反対をやったのが新しかった。多くの中年男たちにとって、若い女性との恋愛は、中学生ほどにも純情な純愛という実態とも聞きます。そういう時代の実相をよく摑んでいたということになるのだと思います。（安藤隆）

これは何のコピーか。ウイスキーのコピーだ。これがなぜウイスキーのコピーなのか、しかも名作コピーなのか、外国のひとたちにはきっと理解しがたいだろう。それが日本の広告の、日本の文化の、豊かさと美しさのひとつだと私は思う。その文学的リテラシーは高い。また俳句とコピーは確かに近いところがある。もちろんＣＭのドラマがあって、このコピーは活かされたのだとしても。「恋は、遠い日の花火ではない。サントリーオールド」というだけで、少なくともある世代より上の日本人は、胸がじんと熱くなったのだ。なれたのだ。（一倉宏）

消費者を利口と見るか、バカと見るか。この世に生きる人々を信じているか、信じていないか。つくり手がどちらの側に立つかで、コピーのつくり方は大きく変わってきます。これほど技巧的かつ回りくどく、理解するのに時間のかかるコピーも珍しいのですが、それはとりもなおさずこのコピーが「買う人の理解力を強固に信じている」ことの何よりの証ではないでしょうか。広告は広く伝えるのが目的ですからカンタンなのはいいことだけど、それは時として消費者を見くびる目から生まれている。時代の風潮にあらがって屹立する小野田さんのコピーは、そのことを警告している気がする。（岡本欣也）

「男は黙ってサッポロビール。」が、「男は」と月並みな言葉で始めたように、「恋は」と始まっています。そして、そのあとのフレイズが、センチメンタルな泣き落とし。中年男性の「ガンバレ」に「しめりけ」があったのが、逆に良かったような。
（小野田隆雄）

まぎれもなく大人のコピー。ではあるけれど、大人ってこういうものだというこれまでの語られ方とは違う。ＯＬＤ ｉｓ ＮＥＷの宣言とともに、キャンペーン全体に新たな大人広告がはじまる感があふれていた。大人をなぞっていない、大人を再生している。自分ごととしてふと心の中でつぶやいてみたくなる、大人のためのリアルコピーだと思います。それにしてもこの表現、自分には絶対ない作風なので、ただただ憧れます。（児島令子）

長塚京三さんが、ヒョイッと飛び跳ねるＣＭでしたね。会社や生活にやや疲れた世の中年男たちに、じんわりと効き、エールを送ったコピー。小野田隆雄という哲学者による、新しい「ことわざ」という感じもしました。「人はパンのみにて生きるにあらず。」とか「人間は考える葦である。」のように。ホントは、コピーライターって、ニーチェのように、人の感情や生き方に影響を与える新しい価値観を書けたらなあと、どこかで、思っている。滅多にできやしないし、やっても、すべることがほとんどだし、だいたい、広告がそんなこと考えるのは不遜であると怒られそうだし。でも、こういう上質なコピーがあると、この仕事にちょっとプライドを持てる。ありがたいです。
（佐々木宏）

コピーなんでしょうか、これは。文学なんでしょうか。一体、じゃあコピーってどういうものを言うんでしょうか？　商品の紹介を上手に言い換えるもの？　これはそういうロジックでは解説できない言葉ですが、ウイスキーの世界観を持っている。「コピーってこういうものですよ」という決めつけ自体があまり意味がないものであって、言葉を使って商品の価値や商品の周りに漂うオーラというか雰囲気を高められればそれはコピーとしての役割をもう十二分に果たしているのではないでしょうか。でも正直、まだ、「遠い日の花火ではない」という言葉を実感としてきちんと感じることができる年齢にはなっていない気が強くします。こう思える自分になりたいな。（澤本嘉光）

　モノがもたらしてくれる生活のふくらみ。商品の物質的な価値へ、さらに情緒を付加してくれたコピーです。みもふたも無い、矮小な商品特性をタレントがただ連呼するだけの広告が多い中で、あざやかにこころを奪ったコピーです。（仲畑貴志）

　当時、このコピーで思いに浸った中高年の人々は多かっただろうし、実は、このコピーで「中高年になること」に図らずも思いを馳せた若い人々も少なくなかったのではないかと思う。いいコピーは、過去へも現在にも未来へも、人にいろいろなことを想像させる。それはお酒のもたらす独特の作用に似たところがある。おいしいことを単に「おいしい」と直截的に伝えないぶん、人をして「気持ちをおいしくさせる」コピーである。こういう、作法としての大人な表現をこれからもなくしてはいけないと思う。（前田知巳）

　このコピーが世に出た当時、「あの広告のおかげでオヤジたちが勘違いして困る」と、何かオヤジのせいでイヤなことでもあったのか、女友達が憤慨していたことを思い出す。すぐソノ気になるのはオヤジの悪い癖ではあるが、すぐソノ気にさせるコピーとはコピーライター冥利に尽きる。コピーには人生や社会について大風呂敷を広げる醍醐味もあるが、原初的なコピーの快感とは、「アイツをオレの言葉で動かしてやった！」だ。こう動いたらトクするよ、こう動いたら楽しいよ、と耳元でささやいてみたら、ありゃりゃホントに動いたぞ、である。このコピーライターの脳の中にはいろんな物質がドボドボ分泌されているはずだ。

（山本高史）

# 第十位

# すこし愛して、
# なが～く愛して

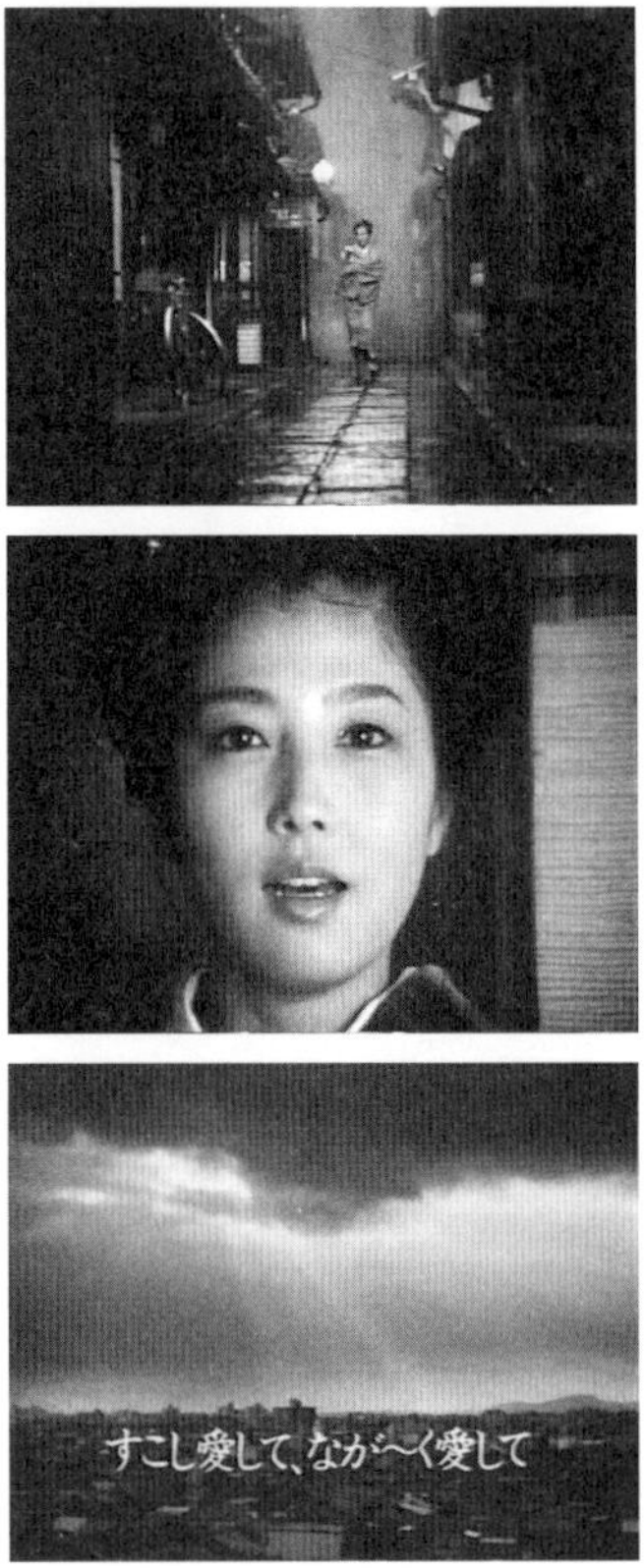


糸井重里　サントリー／サントリーレッド

サントリーレッドは、家で気安く飲める全くの男のウイスキーだけど、実際に酒屋さんで買うのは奥さん。そこで奥さんを主人公にしたウイスキーの広告を作った。奥さんだから、激しい恋愛というより長続きする仲を願っている。そんな女性の心情をこんなに可愛く言ったコピーを他には知りません。こんなけなげさ、可愛い嘘ということですよね。あと、この女性はいつも家にいて彼を待っているのだけど、夫婦という感じがしないのですね。夫婦の安定感がなくて、それが「なが〜く愛して」の言葉をせつなくしてくれている。愛人かな、と思っていました。夫婦の言葉っぽいのに、夫婦だとこの言葉は成立しない気がします。
（安藤隆）

これもウイスキーのコピーだった。当時「2級（モルトの混合比率による税制上の区分）」と呼ばれた庶民的なウイスキーの。CMのカメラは男の主観で、登場人物は「和服の似合う、美しい、庶民的な妻」で。かいがいしく夕餉《ゆうげ》の用意をして。夫の帰りをいつも待ちわびて。だけど、そんな若妻は、当時でもすでに絶滅寸前だったはず。そんな彼女が言うのだ。このセリフ、いや、このコピーを。これは商品コピーなんだけど。ああ、こんなふうに言われてみたいと思わせる、そういうコピーだった。　（一倉宏）

細く。でも、長く。人間が願ってもバチの当たらないギリギリのラインがその辺であることを、人生をやってるうちに人はだんだんわかってくるのだ。それ以上は望んでもリアリティがないってことを、夫婦なんかをやってるとさらにわかってくるのだ。「いっぱい愛して。なが〜く愛して。」これは成立しない。そういう夫婦はいたとして、たぶんマニアか変態だよねとやっかみ半分で口にするわれわれ大人に、このコピーはしみるのだ。「ギリギリの夢」を見させてくれるのだ。名作の所以もその辺りにあるのだと思います。ちなみに「夫の帰りを待つ妻」は、金麦という新たな名作となってサントリーからサントリーへと継承されてますね。　（岡本欣也）

これはオンナのセリフです。商品であるウイスキーが女性になって男性にささやいているのです。けれど、こういう愛し方は、男は苦手なのかもしれない。そして、「参ったね」とつぶやきながら、ウィスキーを飲むのでしょうね、男は。その苦さが、また、うまかったりして。（小野田隆雄）

大原麗子さん演ずる妻がかわいすぎて、このフレーズ、商品コピーというより大原さんのつぶやきのように感じられました。でもすごく商品コピーなんですよね。サントリーレッドというごくごく日常的なウイスキーの、その日常性を逆手にとってポジに変換してる。商品にぴったりの、商品を好きになってくださいの言い方ですね。（児島令子）

私が通う、都立高校の通学路にあった和菓子屋さんの看板お嬢さんが大原麗子さんでした。市川崑監督の手によって、小悪魔的魅力のこの女優さんの生涯ナンバーワンの主演作はこのCMだった。その彼女がヒスを起こし、すねたりしながら、最後に「すこし愛して、なが〜く愛して。」とちょっと、事務的にピシャリと読む感じが好きでした。大原さんは、当時流行のみゆき族の一員で、実は不良キャラで、男っぽい性格だったとか。でも、皮肉にもこのカワイイ女房キャラが最高にはまり役でした。『みじかくも美しく燃え』という映画を覚えていますが、このコピーはその反対ですね。私には、女房と言うよりは、切ない秘めたる愛人の言葉にも見えましたが…。「捨てないで」とも聞こえましたが。（佐々木宏）

ベスト10についてコメントを書いてきて最後にこれ、なのですが、何故これがウイスキーのコピーなのかは理屈では説明がやはりできません。ちょっとずつ毎日（飲んでくれ）というのが夫婦の関係に似てるから？　そんなに浅くないと思えます。僕の力量不足だと思います。10個書いてきたほとんどが実はそうなのですが、強い言葉・魅力的な言葉には、出発点であるところ、目標点であるところが商品と共有できていれば、商品をその言葉に引きつけてしまう力があるよう思えます。商品にあわせるというより、商品がその言葉を身につけて進化するというか。言葉で武装できて

いるというか。理屈屋はモテない、ということかもしれないです、言葉も。（澤本嘉光）

このコマーシャルに出演していた女優が亡くなったとき、テレビや新聞で、さかんにこのコピーが語られた。でも、作者である糸井重里の名に言及することがなく、不満でした。しかし、うまいことというなあ、ホントに。（仲畑貴志）

人と人との関係と同じで、人と商品にも適度な「間」が大切ということがよくわかる。間というのは言い換えれば「機微」ということかもしれない。これが「すぐに愛して、とりあえず愛して。」だと、広告として全然成立しないと人は思うだろう。でも、見渡せば実はそういうスタンスの広告であふれているという点で、広告そのものにいろいろな意味で余裕や余白がなくなってしまったということを誰も否定できないと思う。余裕や余白は、安易な単刀直入よりも時としてずっと魅力的なのに、である。（前田知巳）

恋に落ちて深い仲になり、肩を寄せあいながら暮らしているうちに数年もたてば、すでに出会った頃の激情は影をひそめ、浮気心も胸をかすめる。それでも離れることのできない二人の絆に、人は「愛」という言葉を与えた。世の中にはロングセラーと呼ばれる商品がある。かつて消費者のハートを奪いライバルに競り勝って蜜月時代を謳歌したものの、年を追うごとに商品としてのアドバンテージは希薄になり、おまけにピチピチした新商品が市場に参入する。消費者なんて短気で冷酷な浮気者だ。いつ新しいパートナーにスイッチしないとも限らない。そのとき持ち出したものもやはり「愛」だ。もともと惚れた相手である。そいつに「すこし愛して」と言われれば「長く愛して」しまうではないか。（山本高史）

# ベスト100

＊ベスト10除く

# 初恋の味

駒城卓爾　ラクトー／カルピス

ペットボトルなどなかった時代。カルピスも当然のようにビンに入っていた。しかもその原液を毎回水でうすめるというタイヘン手間のかかる飲みものであった。昭和のころ、そういう家庭は少なくなかったと思うのだが、カルピスを飲むときは母親の許可が必要だった。おもむろにカルピスを入れてくれる母。目の前でながめる自分。思い出の光景は、時間とともに美化されたのだろう、やわらかな日差しに包まれてじつに美しい。だからこの「初恋」が指し示す対象は、ヘンな話だけれど恋人ではなく母親ではないだろうか。そういう意味でこのコピーは、われわれの深いところに刻まれているのだと思う。

（岡本欣也）

# クシャミ3回ルル3錠

林厚爾　三共／ルル

作者を知らない。だが、誰もが知っている。シンプルで、なによりリズム感が秀逸な、コピーライターの先達がこさえた名作です。（仲畑貴志）

# 有楽町で逢いましょう

豊原英明　十合《そごう》／そごう東京店

このコピーは1957年に開店した有楽町そごう（当時はそごう東京店）のキャッチフレーズとして生まれ、同名タイトルでキャンペーンソングも制作され全国的に有名になりました。この楽曲のおかげで、有楽町なんて行ったことのない地方の人々も有楽町を知ったことでしょう。出店地を魅力的に広告することが百貨店の広告になるという代表例であり、いつしかこのコピーは広告という枠を超えて残っていったのです。（児島令子）

# スカッとさわやか
# コカ・コーラ

日本コカ・コーラ／コカ・コーラ

究極のシズルコピーだろう。いまの時代に置いてみると何の変哲もないように思えるかも知れないけれど、このコピーの真価をとらえるには、ぐーんと時間をさかのぼってみければならない。そこではこの私もまだこどもで、モノクロテレビのチャンネルをどこに回しても、このコピー、サウンドロゴに出会った。それはとても新鮮で、ここちよく耳に響いた。コカ・コーラは高級な嗜好品で、おしゃれで、カッコよくて、アメリカそのものだった。誕生日でもないと飲めないような。ちなみに普段は粉末ジュース（いまの基準でいえばジュースじゃない）という時代。こども心にも、この「スカッと」の響きには悩ましいほど反応した。　（一倉宏）

# 大きいことはいいことだ

小島厚生　森永製菓／エールチョコレート

今なら「エコ」が大義であるように、当時の日本人の気持ちの中では「大きくなること」が大義だったのだろう。きっとこのＣＭソングを聞いた多くの人々が、「我が意を得たり」と痛快な気分になったのではないだろうか。そういう意味で、このコピーは決して「古い」コピーではない。むしろ時代を見つめ、時代に漂う気分を見事にすくい取り、掲げて見せるという意味で、広告の持つ普遍的な役割を示す参考であり続けることだろう。

（前田知巳）

# 白いクラウン

中島啓雄　トヨタ自動車／クラウン

高級車を黒ではなく、あえて「白い」と言った。重厚長大な産業以外から台頭して来た、時代の先頭を行く明るいブルジョアジーの、軽やかな豊かさが見えてきます。言葉の静けさも気品があると思いました。

（小野田隆雄）

# ハッパふみふみ

滝島英男　椙山三太　大橋巨泉
パイロット萬年筆／パイロット エリートS

自分の記憶にあるのはこうです。「みじかびの／きゃぷりきとれば／すぎちょびれ／すぎかきすらの／はっぱふみふみ」。これを初めてテレビで聞いたとき、ぼんやりしてしまったのを覚えています。大橋巨泉さんはもともと俳人で、と聞いて何やら納得したような。「きゃぷりき」というのはキャップで、「かきすら」というのはすらすら書ける？「はっぱふみふみ」は葉っぱ踏み踏みかなあ。ならば「すぎ」は杉で、「過ぎ」ともかかっていて…。すると「みじかび」は短い日々？　とか。まあ、わからないわけですよ。答えはないですから。いまありえない広告なのかなあ。非常に話題になって、パイロット万年筆の売上げに貢献したのではないかと思うのですが。　（安藤隆）

# Oh! モウレツ

富沢善治　伊藤アキラ
丸善石油／丸善ガソリン１００ダッシュ

猛烈社員、という言い方が、戦後の高度成長時代の日本のサラリーマン達の呼び名でもあり、ややバカにされた意味でもあったが、お色気たっぷりの、いや、当時としてはかなり放送禁止ぎりぎりの、スカートひらりＣＭで出たひとこと。この言葉がなかったら、「モーレツからビューティフルへ」も生まれなかったと思うと、感慨深い。（佐々木宏）

# わんぱくでもいい
# たくましく
# 育ってほしい

新井清久　丸大食品／丸大ハム

広告には「眼差し」がある。眼差しは想いである。受け手を想う気持ち、社会を想う気持ち、人間を想う気持ち、である。「昔はよかった」は禁句だが、近頃どうですか、商品自体、企業自体への眼差ししか持たない広告のいかに多いことよ。ぼくは「わんぱくでもいい」時代の子供だ。つまり広告をつくる大人のこんな眼差しを受けて育った。企業の社会貢献や環境への取り組みも大事だが、もう少し人間を見てくれよ、想ってくれよ。なになにを1個買うとどこどこに木が1本植わります、のような最近流行の社会貢献よりも（それが悪いわけはないが）、このコピーの社会や人間への想いは圧倒的に大きく深い。あ～あ、昔はよかった（失礼）。（山本高史）

# DISCOVER JAPAN

藤岡和賀夫　日本国有鉄道

キャッチコピーというのと、キャンペーンコピーというものは違ういでたちをしている。このコピーは国鉄（現在のJR）の旅行のキャンペーンコピーなのだが、ものすごくでかい。とにかく。今、キャンペーンコピーを、キャッチコピーときちんと考えて書き分けられる人がどれだけいるんだろうか？という心配すらある。でかいコピーは下手をすると当たり前過ぎる言葉になってしまうのだが、そうならない、きちんとした商品の使用提案だったということが素晴らしいと思う。

（澤本嘉光）

# 「考えてみれば、
# 人間も自然の
# 一部なのだ。」

秋山晶　中島薫商店／キユーピーマヨネーズ

このコピーに触れたとき、不意をつかれたようであった。まだ、技巧に走っていたわたしは、飾るより本質が強いと言うことを学びました。（仲畑貴志）

# 金曜日はワインを買う日。

加藤英夫　サントリー／サントリーのワイン

　週休二日制が日本で広まり始めたのがこの年だったかどうか。「金曜日はワインを買う日」は、花金を先取りしたコピーとして印象に残っています。もうひとつ印象深かったのは、「買う」という言葉が入っていたことです。「買う」「売る」というあからさまな言葉は、まっとうな広告のキャッチコピーとしては避けていた時代でした。下品を恐れて。「買う」が普通に入って、奇も衒いもなく清々しく成立しているのは、僕にとってはこのコピーが初めてでした。これは新しいぞと興奮したのを覚えています。「金曜日は花買って、パン買って、ワ～インを買って帰りま～す」というＣＭソングも素晴らしいものでした。（安藤隆）

# おれ、ゴリラ。
# おれ、景品。

土屋耕一　明治製菓／明治チョコレート

何が必要で何が不要であるかを見極めて、伝えるべき内容を最小限に絞りきった。景品付き広告コピーの白眉です。（仲畑貴志）

# こんにちは土曜日くん。

土屋耕一　伊勢丹

　土曜日が休日になった頃。遠い昔。あれは、ずいぶん自分が豊かになった気がしました。一日、ふえたのですね、自分の時間が。どのように使おうか。そんなうれしさが、伝わってきました。私の場合は、昼ごろまで寝ていて目覚めて「こんにちは」、そして、すぐにもういちど寝てしまう、「おやすみなさい土曜日くん」でした。やさしいときめきのあるコピーでした。（小野田隆雄）

# ケンとメリーのスカイライン。

向秀男
日産プリンス自動車販売／スカイライン

あなたは「ケンメリ」を知っていますか。１９７２年にデビューした4代目のスカイライン、Ｃ１１０型のことを言う。当時の若者たちの憧れの的。日本車史上最も美しいクルマのひとつだと思うけれど、そのスタイルのためもあって、硬派な走り屋たちから（先代の「ハコスカ」に比べて）軟弱になったとの声があがったり。そんなケンケンゴウゴウも含めて熱く語られた「ケンメリ」。ＣＭもポスターも美しかった。それも「日本車史上最も」と言っていいだろう。そして、このコピーが商品の代名詞まで生んだのだ。「ケンとメリー」の修辞には、商品の性格づけが鮮かに内包されていることにも注目したい。（一倉宏）

白さが違う、という
洗剤のCM《コマーシャル》は
できればソニーで
見ていただきたい。

西田制次
ソニー／ソニーカラーテレビ　トリニトロン

企画の勝利。他社が流布した広告表現を利用して、自社の商品特性を際立たせるという手法。コマーシャルが爛熟した時期のエッポックとなる表現です。（仲畑貴志）

# 十歳にして
# 愛を知った。

眞木準　福井商事／ライオンファイル

ボクが眞木さんの全集を改めて編むとすれば、そのタイトルは「3人の眞木準」にすると思う。年代順にコピーを並べるのではなく、眞木さんの3つの側面に光を当て、3部構成で一冊の本にしてみたい。第1部はダジャレという取扱い危険物をたくみに操り（ご本人はダジャレとはおっしゃっていませんでしたが）その第一人者として名をはせた眞木さん。第2部は「恋を何年休んでますか。」に代表される恋愛の語り部としての眞木さん。そして第3部がコピーの基本に誰よりも忠実な眞木さん。「うちの息子は厳父と岳父の違いも知らない、愚息だ。」やこの「十歳にして〜」など、ライオンの事務用品の新聞広告シリーズは、もちろんボクの妄想全集第3部の要だ。（岡本欣也）

# なぜ年齢をきくの

土屋耕一　伊勢丹

　コピーライターになってそう間もなかった頃、土屋さんの伊勢丹のコピーを新聞広告でよく見ました。「こんにちは土曜日くん」とか「もめんと木」とか。「なぜ年齢をきくの」も。他のコピー（ライター）とはずいぶん違うところにいるコピー（ライター）、ということを感じて、ドキドキしたものでした。土屋さんのコピーは、小声で話すようなコピーが多いですよね。そして醍醐味は、テーマが大きくても小声に「持ち込んじゃう」腕力でしょうか。週休二日制も、自然が大事も、マナーも、テーマはいつも社会的、時代的です。なのに決して大声は出さない。マイクは使わない。大テーマほど、小声が生きる。新米コピーライターの遥か遥か先の美学で書いておられました。（安藤隆）

# ソ、ソ、ソクラテスか
# プラトンか
# みんな悩んで
# 大きくなった

仲畑貴志　サントリー／サントリーゴールド

これはサントリーゴールド（オールドではありません）の大瓶ウイスキーのCMソング。歌い踊るはマルチクリエーターの先駆け、野坂昭如さん。広告の教科書でしかこのCMに触れていない世代の多くは2番の歌詞まできっと知らないでしょうからここに全体を記します。「ソ、ソ、ソクラテスか　プラトンか　ニ、ニ、ニイチェか　サルトルか　みんな悩んで大きくなった（大きいわ　大物よ）おれもおまえも大物だ」。ここからが2番。「シェ、シェ、シェークスピアか　西鶴か　ギョ、ギョ、ギョエテか　シルレルか　みんな悩んで大きくなった（大きいわ大物よ）みんな悩んで大きくなった　おれもおまえも大物だ」と来て、締めは「とんとんとんがらしの宙返り〜」。（岡本欣也）

# セブン-イレブン
# いい気分。

杉山恒太郎　セブン-イレブン・ジャパン／
セブン-イレブン

　このコピーは、正直言って会社に入って「これはコピーです」と習うまでコピーと意識していなかった。あまりに当たり前な言葉として、いや、言葉というか「♪セブン-イレブン　いい気分～」という音楽として認識していた。

　当たり前になるというのは実は偉大なことで、セブン-イレブンに入るたびに、いい気分なんじゃないかと錯覚（？）する羽目にいまだになっている。何の奇もてらっていないごく普通の言葉の顔をしているけれど、生理的に口にしやすい言葉でブランドイメージを作った傑作だと思う。こういう口にしやすいコピーはとても好きだ。　（澤本嘉光）

# ゆれる、まなざし

小野田隆雄　資生堂／
資生堂シフォネット　資生堂スプレンス

70年代、私の学生時代、資生堂のキャンペーンＣＭで憶えていないＣＭはない。憶えていないキャンペーンスローガンはない。憶えていないＣＭソングはない。そのくらい鮮烈に刷り込まれた。憧れた。このコピーを小椋佳が歌った。60秒のＣＭで「切れ長の目に、謎めいた影。ゆれる、まなざし。シャドーとハイライトは、これ。資生堂です。」のナレーションだけ。伝統的に、デザイン（映像美）の資生堂、コピー（ことば）のサントリーと呼ばれてきたけれど、いやいや、この頃の資生堂のコピーは凄かった。これに、糸井さんらの西武百貨店を加えて「３Ｓ」と並び称されたのは、そう、次なる80年代だった。

（一倉宏）

# 着やすい。
# つまり脱がせやすい。

眞木準　伊勢丹

ファッションのアプローチは無限だけれど、こういう視点はなかった。ファッションというテーマで書かれた中で記憶に残るコピーは、そう多くは無い。（仲畑貴志）

# ただ一度のものが、僕は好きだ。

秋山晶　キヤノン販売／ＣａｎｏｎＡＥ－１

そもそも広告における主語は、商品や企業である。じゃ、この「僕」とは何者か？「人かモノか」という二元論（景気低迷期のモノ回帰という文脈）において、「僕」の存在はかつて「私コピー」と括られ、場合によってはコピーライターの自己陶酔と断罪された。しかし、受け手がその「僕」に強く共感できたり、ましてや憧れたりすることができれば、ぼくと「僕」をつなぐ共感や憧れの延長線上に商品や企業を捉えることができる。ドングリのスペック比べで肩をぶつけあっているよりも、よほど値打ちが上がるじゃあないか。陶酔しているどころかこの「僕」、したたかな商売人である。

（山本高史）

# でっかいどお。北海道

眞木準　全日本空輸

地元の人が喜ばないデスティネーションコピーはダメだと、ずっと言い続けてきた。その点、このコピーは北海道の人もうれしかっただろうなと。寒いとか、北の最果てとか言われていた北海道が、急にいい人に見えてきたというか、おおらかというか、そういえばそうだというか、でっかいわ、たしかに、とか…。こういうだじゃれコピーの巨匠が亡くなって悲しいが、やはり上質なだじゃれコピーは、強いし、効くと思う。（佐々木宏）

# 帰ったら、白いシャツ。

眞木準　全日本空輸／スカイホリデー沖縄

受け手の想像力が強制されもしないのに勝手に動き出すような言葉、がある。ぼくの気持ちはぼくの判断を待たない。「帰ったら」と「白いシャツ」。何気ない言葉の組み合わせが、それだけで肌と気持ちをざわつかせる。南の島の日焼けの火照りと、都市の上質な素材の冷たい感触のシャツ。それを今真冬の東京で、ぼくの脳が体感している（このコピーは解説するだけで野暮なので、もうこのくらいで、このコピーライターがそういう人なので）。（山本高史）

# ひとりよりふたり。

魚住勉　丸井

結局、ほんとうは、みんな「ひとりよりふたり」と思っているのだと思います。生きていくことも生活することも。だからあたりまえ、みたいなコピーです。デパートや量販店にしてみると、「ふたりでひとり」は大歓迎。そのあたりをピタリと言ってくれました。（小野田隆雄）

# 君のひとみは１００００ボルト

土屋耕一
資生堂／資生堂ベネフィーク　グレイシィ

これは「あなたの目はとても魅力的で見つめられると感電してしまいそうなくらいです」ということを最短の言葉で表現したと思うのだが、なにより、「１００００」という数字の強さと「ボルト」という強い語感の言葉を持ってきたところに尽きると思う。「君のひとみは１００ワット」、とか、「１０００アンペア」、とかだとなんだかショボいのだが、結構、冗談抜きでこのあたりで提出してしまいがちな気がする。「１００００」で「ボルト」だから、ビリビリ！なのだ。「１００００００００」だと一、十、百、千、万…と数字数えるの面倒だし。１００００ボルト、素晴らしい。（澤本嘉光）

# 知性の差が顔に出るらしいよ……困ったね。

仲畑貴志　新潮社／新潮文庫

有名な「コピー・エビフライ論」の典拠となった記念碑的名作。それを要約すれば、つまりは「知性の差が顔に出るらしい」だけだったら「シッポのないエビフライ」と同じ、「よ」があり「……困ったね。」があることによって成立している、というもの。このコピーは、たった一行で「コピーの教科書」になっている、という意味でも名作なのだ。みなさん、これを記憶してください。役立ててください。とはいえ、何でもシッポを付ければいい、ということではないので。ビーフシチューにウシのシッポを付けてもダメですから。そこのところは、よく考えて。

（一倉宏）

# トースト娘が
# できあがる。

眞木準　全日本空輸／沖縄

　美容的にはどうであろうか、などとリクツを考える前に、夏の海が楽しくなってきます。日に焼けた肌と焼けていない部分の白い肌と。夏の歌ですね。沖縄ですね。

（小野田隆雄）

# ピッカピカの一年生

杉山恒太郎　小学館／小学一年生

このコピーは、音というかサウンドロゴとして評価すべきでしょう。

コブシが回った、演歌風のコピーです。「♪ピッカピカの〜」のピッカが素晴らしい。「♪一年生〜」の切ないマイナーコードが、また可愛い。小学一年生のことを、「ピッカピッカの一年生」とネーミングしたセンスが光ります。（佐々木宏）

# 僕の君は世界一。

糸井重里　パルコ

選ばせていただいている身でお恥ずかしいのですが、なんとなくカッコいいから好き、という理由なんです。いろいろ理由をつけると、「君は僕の世界一」というのが筋なところを、語順を変えて「僕の君は」としたことで「僕の」という意識が強まるのと、「君は世界一」と続くことで君が素敵という感じが強くなるとか、正しいかどうか自信ないのですがきっとあると思うんですが、すみません、なんとなくカッコいいぞ！こういう言葉！というのが好きな理由です。いいコピーっぽい、というか。深い理由があるかもしれないのに。怒られるかなあ。でも何となくってすごく大事だと思います。もう一度謝ろう、すみません。（澤本嘉光）

# 女性の美しさは都市の一部分です。インウイ

土屋耕一　資生堂／インウイ

何より、このコピーで、それまでの「一般的な」コスメティックブランドとは一線を画しています、という主張が強烈に伝わってきたのを憶えている。肌や唇に接近するという常識的な描き方とは真逆に、化粧品でありながら「都市」というスケールで語るプレゼンテーションはショッキングでさえあった。何より「自信満々に成長していく都市」という、当時の日本そのものを描き切ったコピーだった。　（前田知巳）

美しい人はより美しく、
そうでない方は
それなりに、
うつります。

渡辺一博　富士写真フイルム／フジカラー

カメラやフィルムの広告で、「美しくない人も美しくうつる」とは絶対に言えない。そのあたりのことを、ゴチャゴチャ言っているセンスの良さに拍手したのを覚えています。

（小野田隆雄）

# カンビールの空カンと
# 破れた恋は、
# お近くの屑かごへ。

眞木準　サントリー／サントリー缶ビール

缶ビールがオシャレなアイテムであった時代。そこに賭けて、一気呵成にカッコよいサントリービールイメージを作ろうとした…のかな。とにかくカッコよい広告でした。ビールの空缶と並べて「破れた恋」を持ってきたのが素敵です。ゴミの分別回収がさかんに言われ始めた、そこを「恋」と並べて利用した。破れた恋なんか捨てちゃえばいいんだ。ビールの空缶みたいにさ。次の恋がすぐ待ってるさ、きっとね。新しい缶ビールみたいにさ。カッコよさを支えたのは「カンビール」というコピーだったと思います。缶ビールではないカンビール、という新しいビールの出現。ただカタカナにしただけのようなカンビールですが、みごとに新語だった、と思います。（安藤隆）

# 不思議、大好き。

糸井重里　西武百貨店

広告はその時代や社会の総意から逸脱することはできない。モノを売るためのコミュニケーションという性格上、受け手である消費者の多数決において多数をもって選ばれねばならず、つまり彼らの興味のないことや関知しないことはコピーとしてはふさわしくないという結論になる。決してこのフレーズの目新しさのみがウケたわけではなく「不思議ってワクワクするよね」という消費者の合意があったから、このコピーは絶賛された。時代の空気（ハズカシ）、などというと一昔前の業界人みたいであとに言葉を続けにくいが、コピーライターとは自分の意見を吐き出しているのではなくて、時代の空気（ハズカシ）に書かされていることもあるのではないかと、このコピーを見て思うこともある。

（山本高史）

# ナイフで切ったように夏が終る。

長沢岳夫　パルコ

広告の教科書1ページ目にはこう書いてある。コピーには、広告には、「何を言うか」と「どう言うか」があり、決して「どう言うか」が先立ってはならない。そんなことは教えるほうは言い飽きて、聞くほうは耳ダコだ。それはそうなんですよ、そうなんですけどね、コピーライターと名刺を持つ人種が、誰も書かないような「カッコいい」コピーを書きたいという口が裂けても吐露できない欲望を内からもなくしたら、コピーライターという臆病で怠慢な技術者は絶滅するのだ。「カッコいい」は人それぞれだが、ぼくの場合、人の心に傷を残せるコピーだ。ナイフの扱いには慣れないが、擦り傷くらいならなんとかと健気に思っているのだが。

（山本高史）

帰りたい町が見えた。
正しく言うと、
帰れない町が見えた。

仲畑貴志　マルオ被服／BIGJOHN

震災を経験すると、このコピーは、なんと、きついコピーに見えることか。つらすぎるコピーにも見えてくる。

「正しく言うと、」という部分が、秀逸だし、新しかった。

「♪帰～りたい。帰れない。」という歌があったが、泣けてくるような切なさと哀愁と、そして今は、慟哭さえ聞こえてくるコピーになってしまっている。　（佐々木宏）

# ハエハエ、カカカ、キンチョール

堀井博次　田井中邦彦　川崎徹
大日本除虫菊／キンチョール

これは最高に尊敬するコピー。なぜなら文字から音声が聞こえる。もちろんCMで音になって強い言葉だし、口にする時に強い、耳に残る言葉を選んだのだと思うが。これを繰り返されると、意味はともかくとしてもう生理的に覚えてしまう。ナンマイダブとかキリマンジャロに近い。リズム感抜群。「カ」が3つあるのがズルい。かつ構成文字要素が、「ハエ」と、「カ」と、「キンチョール」のみ。つまり商品名と対象害虫の名前のみで構成された呪文。余計なものが何もない。最高です。　（澤本嘉光）

# 人類は、男と女とウォークマン。

仲畑貴志　ソニー／ウォークマン

歩きながら好きな音楽を聴く。その行為がいかにエポックメーキングかを、すこぶる俯瞰な視点で伝えることで、商品のニュース性をいちだんと際立たせています。人類史のニュースでもあるかのごとく。「ウォークマン」はネーミングでありながら事象でもあるのですから。画期的な商品に負けていない、画期的なコピーだなあ。（児島令子）

# 水がある、氷がある。
# 火がある、人がいる。

魚住勉　サントリー／サントリーオールド

サントリーウイスキーの、特にオールドの「水割り」が一世を風靡して、「世界で最も売れているスピリッツ（蒸留酒）」の王座に君臨していた時代。「二本箸作戦」と呼ばれた「水割り」を食中酒にするマーケティングが功を奏したと言われる。その勢いに乗って、これは若者に向けたキャンペーンだったと思う。ウイスキーの「水割り」そして「お湯割り」を勧めるコピー。なんというシンプルな、そしてタイポグラフィックな、このことばの力。「水」には点1つ、「人」には点2つを加えただけの、この絶妙なアシンメトリー。これはもう、言語表現というより、言語造形とでも呼びたい気がする。　（一倉宏）

# 飲む時は、ただの人。

眞木準　サントリー／サントリーホワイト

酒の席に会社の上下関係や、先輩後輩を持ち込む人へ、ほんと、こう言いたい。また、偉い人なのにお酒を飲むといつのまにか子供みたいになってしまう人にも、この場合は好意を込めて、こう言いたい。（小野田隆雄）

# 東京、カッペね。
# 大阪、イモね。

仲畑貴志　岡田屋／MORE'S

横浜は西洋人が多く出入りした港町だから。文明開化の昔から、街並からして異国情緒で。ハンバーガーやそんなもん昔っから食べてて。それをお洒落と騒ぐ東京なんて、田舎者じゃんよーと横浜育ちは深く思っている…。そんな「横浜一番」たちを心底喜ばせたのが、この「東京、カッペね。大阪、イモね。」のデパート広告。横浜の岡田屋という地元老舗デパートが、モアーズと名前を変えて新たにオープンしたときのコピー。語尾の「ね」が効いてますよね。悪口なのに愛嬌です。愛嬌はＩＱ。仲畑さんは語尾の達人ですね。日本のコピー史上、いちばん悪態をつきながら賞賛されたコピーではないでしょうか。（安藤隆）

# 夏ダカラ、コウナッタ。

小野田隆雄
資生堂／資生堂サンフレア

漢字は、かたい。ひらがなは、やわらかい。カタカナは、それらに比べて湿度が低い。同じ意味でもそのどれを選択するかでずいぶんと受ける印象は変わるものです。無理矢理ですがカンタンな実験をしてみましょう。漢字バージョンから。「夏だから、こう成った。」次はひらがなバージョン。「夏だから、こうなった。」ね、違うでしょ。「夏ダカラ、コウナッタ。」のカラッとかわいた南国の空気感を、どちらもほとんど感じることができませんよね。モデルは前田美波里さん。健康的に焼けた肌。すばらしく印象的なヴィジュアルに積極的に飛び込んで、自らもまたヴィジュアルとなった潔いコピーだと思います。（岡本欣也）

# 諸君。学校出たら、勉強しよう。

竹内基臣　日本経済新聞社／日本経済新聞

このコピーは、個人的座右の銘、と言いますか。大学で学んだことをすっからかんに忘れた自分のためのコピーというか。キレが良くて、大好きですね。日本って、学生時代にあまりいいこと習えなくて、社会に出てからのほうがずっと勉強になる国ですから。自分もこのコピーに励まされて、学校出てからずいぶん勉強しました。社会勉強。しかし、若いコピーライターの諸君、こういうコピーを書こうね。だらだら長くて、詩みたいなコピーばかりじゃなくて。（佐々木宏）

# ランボオ、あんな男、ちょっといない。

長沢岳夫　サントリー／サントリーローヤル

あんな男がたしかにいっぱいいたら困るが。まず、このコピーは「ランボオ」というさほど有名でもなかった詩人を「あんな男」と常識の範疇から冷たく突き放すことによって「ちょっといない」ほどの人物だとあたかも立派なように規定できてしまっているポジショニングの力がすばらしい。また、何がウイスキーに関係あるのかさっぱり解らない狂った映像を、この言葉でウイスキーの気分・世界観に引き込んでCMとして成立させてしまう強引さ。おかげで僕は高校の時にCMをやりたくなってしまった。似たような強引コピーに、よく選挙のポスターに見る「川崎市には○○○がいる！」みたいなものがあるが、ランボオと比較するたびに痛々しい。

（澤本嘉光）

# いかにも一般大衆の喜びそうなアイデアですね

川崎徹　サントリー／サントリーナマ樽

広告表現が、広告そのものを一歩引いた距離から眺めることで「広告を遊びはじめた」時代の代表作であろう。その新しさが、折りしも「真面目は古い」という気分に満ちていた時代に見事にはまったのだと思う。このＣＭのセリフが、子供から大人まで何の疑いもなく流行したというのも、考えたらすごいことである。（前田知巳）

# 夏はハタチで止まっている。

秋山晶

サントリー／TROPICAL SUNTORY

小説であれ、映画であれ、「青春」は常に疲弊しないテーマです。だから当然、広告でもよく利用される。しかし意外にコピーで成功した例を見ない。このコピーは、そのお手本です。（仲畑貴志）

# め組のひと

小野田隆雄　資生堂／資生堂サンフレア

この時代には、資生堂のキャンペーンのフレーズが、そのままヒット曲のタイトルになってヒットパレードを飾る、ということが、ごく普通にありました。「め組のひと」も大ヒットしましたね。シャネルズが歌って。毎年、資生堂やカネボウが次はどんなフレーズで来るか興味津々、そこへ趣向を凝らしたコピーがつぎつぎ出てきて毎年溜息をついたものです。なかでも「め組のひと」は、「目」を言うのに、江戸の火消し組の「め組」を持ってきたセンスが抜けていました。太陽の「恵み」もかけて。夏の祝祭の季節にこころよかった。夏は目がポイント、と言いたいためにここまで凝る。無邪気な時代だったのかなあ、と思い返します。　（安藤隆）

# カゼは、社会の迷惑です。

仲畑貴志　武田薬品／ベンザエースD錠

　コピーの中には、否定しようもない事実を「ごろん」と提示していて、あまりの当然さに賛同しかできない、というものがあるが、これはその代表例だと思う。じつはこの技法は上手い下手がギリギリのラインで決まる高度なもので、少し外すと「何言ってんだ馬鹿！」「カッコ悪〜い」ってなりがちなのだが、そこを「そうだよね〜」と言わせる言葉のバランスを見つけられる書き手はすごい力量があると思う。そういう田舎くさくないセンスの良い「ごろん」を僕はとても尊敬する。（澤本嘉光）

# いつかは、クラウン。

宮崎光　トヨタ自動車／クラウン

個人的には、ウッとおしいコピーです。電通時代の15年間、トヨタ自動車を担当していたが、コピーライターとしての仕事は苦しきことのみ多かりきだった。しかも、その中でも、「いつかはクラウン、みたいなコピー書けないかな」と何度言われたことか。短くて、商品名が入っていて、しかもコンセプチュアル、という意味で、完成度が高い最高峰に住んでおられるコピー様という感じだった。ヘボコピーライターだった私は、その後、「なによりもコロナ」とか、「そして、カムリ。」とか、雰囲気だけ真似して見たが、ダメだった。（佐々木宏）

# 異常も、日々続くと、正常になる。

仲畑貴志　ロンドンレコード／
坂本龍一「戦場のメリー・クリスマス」

これはもう、コピーなんだろうか。確かにコピーとしてこの世には生まれてきたけれど、それも短い期間に露出したものに違いないのだけれど、この、永続することばの力は、いったい何なんだろう。あの頃よりも、もっといまのほうが刺さるんじゃないかと思えてしまうほどだ。いや、「ほど」じゃない。それは事実だ。格差社会も、自殺の多さも、財政の巨大赤字も、そしてさらには、放射線量までも、このことばが言い当てたとおり、「異常」はいつのまにか「当たり前」の顔をする。このことばが、まるでアフォリズム、警句としての命をもつのは、やはりそれだけ人間と社会を深く見つめたことばだから、なのだろう。（一倉宏）

# 時代なんかパッと変わる。

秋山晶　サントリー／サントリーリザーブ　シルキー

このコピーが世に出ていく前に、宣伝部のテーブルで、校正刷りというかたちで、僕は出会った。衝撃を受けた。しばらく立ちあがれないくらいだった。口惜しかった。1ラウンドでノックアウトされた新人ボクサーの心境だった。恥ずかしかった。相手は文字通りのチャンピオンで、僕にはまだ挑戦権などなく、勝手に想像のリングにあがって、負けただけだった。これはウイスキーの新製品の、新発売コピー。なんてカッコイイんだ。オー、ジーザス！　それでも、ひとつだけ言えるのは、敗北感や屈辱感が、ボクサーだけでなくコピーライターをも強くするだろうということだ。負ける時は徹底的に負けて、泣くがいい。（一倉宏）

# 昨日は、何時間生きていましたか。

仲畑貴志　パルコ

「昨日さ、何時間生きてた?」。普通、されない質問である。こんなことを問われて即答できる人はいないと思うが、ではなぜこのコピーは胸に来るのか。もしくはなぜわたしの胸を苦しくするのか。カンタンである。人間は弱いからだ。弱くて、ずるくて、うそつきで、しかも怠け者で…。こうやっていくらでも列挙できるほどに人間は要するに不出来なものだからだ。すぐれたコピーは、基本、そういう人間観の中から生まれてくるのだと、わたしは思う。スーツを着たままハドソン川に漂う内田裕也さん。彼は泳いでいるのだが、いっこうに前に進む気配はなく、それゆえに流されているようにも見える。そんな情景が、このコピーによって他人事ではなくなる。（岡本欣也）

# そろそろ次のこと。

石丸淳一　丸井／丸井クレジットカード

「そろそろ次のこと。」は、漠然としているところが良いですね。マルイにはその昔「愛情はつらつ」という素敵なコピーがあったけど、それはいかにもターゲットらしい前向きのカップルを描いていてわかりやすかった。「そろそろ次のこと。」のほうは、カップルが登場してはいるけれど、「次」に立ち向かおうとしている勇ましさよりは、いくぶん不安そうな空気を感じます。ちなみにこのコピーは1986年、バブルの時に書かれたコピー。崩壊とか、その後には何やら得体の知れない時代がやってくるという予感…。コピーの意図がそこにあったかは分かりませんが、次への不安感が、ターゲットの人々に共感されたということは、あったのではないでしょうか。　（安藤隆）

# 服を脱がせると、死んでしまいました。

仲畑貴志
ワールド／MORI TAKAYUKI DEBUT COLLECTION

脱ぐだの死ぬだの、物騒な話である。少なくとも「死んでしまいました」なんて言葉を、ぼくはこのコピー以外で見たことがない。昆虫のヴィジュアルを下敷きに、「服とは今や若い人を中心に、そのくらいなくてはならない第二の皮膚のようなものである」と浅めの理解でこのコピーを評価することは容易い。その理解で90％は正解だろう。でもぼくがこのコピーから逃げられない気持ちのざわつきを覚えるのは、この商品の顧客に「死ぬこと」までを背負わせた商品観である。それは社会観であり、人間観につながっている。その膨大で肥沃な人間の可能性からわずか数文字を拾い集めるのがコピーを書くということなのだと思い知る。（山本高史）

# ベンザエースを買ってください。

仲畑貴志　武田薬品工業／ベンザエース

　買ってくださいということを、いかに買ってくださいと言わずして伝えるのかが広告表現である。送り手も受け手もそんな暗黙の了解のもとに日本の広告が成熟していった真っ最中に、いきなりドカンと登場したのがこの爆弾コピー。え？　こんなのあり？　いや確かにありだ。一周回ってかっこいい。このスタンスこそがコピーなんだ。だけどこれはただ一度しかできないやり口。もうまねできない。だから広告史に孤高のコピーとして輝き残っていくのです。（児島令子）

# カエルコール

井手壬一　ＮＴＴ

例年の流行語大賞に、昨今広告コピーからはほとんど選ばれなくなったと嘆く人がいた。「広告がやらなくてもほかがやってくれるし」という消費者がいて、「わざわざウケを狙わなくてもいいですよ、今はそれどころじゃないんだ」という企業があり、「計算して当たるもんでもないし」、「そもそも流行語と広告は違うのだ」などと強弁を試みるぼくらがいる。しかし「カエルコール」という言葉を、ひとりの男が一日数回口にすれば出稿量は数倍である。つまり流行語とは媒体量無料の大キャンペーンだ。ツイッターでしこしこと小細工を仕込むよりも、気持ちを動かせるコピーを選び取るほうがいい商売になると思うんですが（クライアント様）。

（山本高史）

# インテリげんちゃんの、夏やすみ。

糸井重里　新潮社／新潮文庫の100冊

若い人のために解説しておくと、「インテリ（知識人）」の語源になったのが「インテリゲンチャ」というロシア語で、それをもじったこのコピーは当時、そういう「インテリかそうじゃないか」などという堅苦しい考えを鼻で笑うようなカッコよさを発揮していた。そういうカッコよさが、当時の若者を「何気にどこかへ導く」文庫本という存在と絶妙にマッチしていた。「広告なんてもうカッコいいもんじゃない」などと片づけてしまうのは間違いで、今もって商品との噛み合わせ次第で、広告は人々の気持ちのエンジン役にいくらだってなれるはずだと思う。

（前田知巳）

# 亭主元気で留守がいい。

石井達矢　大日本除虫菊／金鳥ゴン

　このフレーズが今もって使われる時があるほど、オンエア当時のインパクトはすごいものがあった。よく「面白CM」の代表作として取り上げられるが、このコピーほど世の中をある意味で冷徹に見つめ、人々（つまりターゲット）の気持ちを撃ち抜いたフレーズは実はそうないのではないか。当時の亭主族も「言わなくてもいいことを…」と思いながらもやはり痛いほど実感したはずである。「タンスにゴン」という商品名も、このコピーによって人々から永遠に記憶されることになった。　（前田知巳）

# ボーヤハント。

眞木準　日本ビクター／GR－C7

わずか6文字で、商品のポジショニングもターゲットも見事に言い切っている。そしてなにより愛を感じる。これは商品のキャッチコピーであると同時に、子供のかわいい姿を家庭でどんどん撮るという行為のネーミングにもなっているのです。CMで天使のような赤ちゃんの映像にこのコピーが重なったとき、これは駄洒落ではない。新しい言葉の誕生だと思いました。家電売り場で「ボーヤハントください！」のママたちの声を聞いたとき、眞木さんはニヤリとしたかなあ。

（児島令子）

# プール冷えてます

岡田直也　豊島園／7つのプールとしまえん

ウナギ屋や焼肉屋が、通りへ旨そうな匂いを垂れ流して浅ましいのにそそられる。「かき氷はじめました」とか、いまなら「ハイボールあります」とか、貼り紙は決まり文句なのがそそる。「プール冷えてます」のコピーは「ビール冷えてます」から来ているのでしょうかね。そういえばちょっとおいしそうですね、プール。冷蔵庫並みですが「冷えてます」ぐらいオーバーでちょうどよいという、そこのところがコピー表現の微妙なところです。真夏には、これくらい冷たい方が気持ち良さそうに思えて入りたくなります。この広告が出たとき、豊島園にいっぺん行きたくなったものでした。（安藤隆）

# サラリーマンという
# 仕事はありません。

糸井重里　西武セゾングループ／求人

このコピー以後、わたしは「サラリーマン」という言葉を使うとき、慎重になりました。たくさんのコピーに触れてきたけれど、こういう経験はなかった。イトイはスゴイ。

（仲畑貴志）

# 男は先に死ぬ。

糸井重里　パルコ

「男は先に死ぬ。」だからどうなんだ?と考え分析するコピーじゃないと思います。その時代の空気の中で、その時代を敏感に呼吸しているパルコが、「男は先に死ぬ。」というコピーを投げた。私たちはそれを肉体的にキャッチし、男も女もそれぞれに何か感じとるのみ。パルコというフレームの中で語られる「死」は、なんだか生命力があふれていました。（児島令子）

# 無くしてわかる有難さ。親と健康とセロテープ

仲畑貴志　ニチバン／セロテープ

かつてコピーを考えるとき、「商品風景」を想像して考えろ、ということをよく言われた。人がその商品を使う場面を想像する、それはつまり、まず「使う人の立場」に徹底して立つという態度である。そうでなければ決して出てこないコピーの、これは典型だ。このことは決してクライアント無視ということではなくて、クライアントもこのコピーから、自らの商品の本質を再発見したはずである。送り手優先・スペック優先な情報だけでは決して人と商品との「絆」にはなっていかないんだよ、ということを今もって教えてくれるコピーである。（前田知巳）

# 恋を何年、休んでますか。

眞木準　伊勢丹

回答を求める質問系のコピーだが、回答がYES・NOでは片付かない。このコピー、読む年齢によって印象が違うと思う。

40代になって読んでドキッとさせられるのと、20代で読んでの共感、10代での想像と、全く印象が違う質問でありコピーだと思う。こういう共感でもあり、少し耳や心が痛いコピーを短い文字数で書けていること自体が、文字が武器として作用していて少し恐ろしいし、強い。（澤本嘉光）

# 恋が着せ、愛が脱がせる。

眞木準　伊勢丹

洒落ている、という言葉が最も似合うコピーのひとつだと思う。本来ハイファッションというのは人を選別する存在であるが、おそらくこのコピーは見る人を選ばず、それぞれにちょっとした感傷気分を味わわせてくれたのではないか。誰もが共有できる高揚感。そういう意味で、「百貨店の」ファッションのコピーとして自らの役割を見事に踏まえているコピーである。

（前田知巳）

# 「人間は、全員疲れているのだ」と仮定する。

仲畑貴志　東陶機器／TOTO

　広告は弱い人間のためにある。これは「広告性善説」でも「人間大好き！」でもない。広告は自慢話である。広告の中で商品は、オレはこれができる、似たようなヤツにできないことができる、と言っている。だからアナタがオレと一見似たようなヤツを使っていてはできないことをできるようにしてやる、と言っている。だからオレを買え、と。そして弱っているヤツほど、他人の言葉がありがたい。たいへんですよね、お疲れですよね、そんなあなたのためにこんなこと考えているんですよ、と。このコピーはすべてのコピーライターに向けられた一行の教科書であるのと同時に、コピーライターに口説き上手が多いという俗説について密かに自白している。　（山本高史）

# くうねるあそぶ。

糸井重里　日産自動車／日産セフィーロ

尊敬して止まない糸井さんの仕事の中でも、相当好きなコピーです。「食っちゃ寝ぇ～」という情けない怠惰な言葉に「あそぶ」と付けたことで、市民権を与えたというか、むしろ、小粋な生活シーンのように変えてしまった。まさにコピーマジック。さらに、井上陽水が出てきて、「お元気ですか～～」とセフィーロの窓を開けて、ご挨拶されて。「くうねるあそぶ」が、ちょっと不思議で、かなりかっこいいライフスタイルに変身してしまったから、恐ろしい。（佐々木宏）

# 憲法第二十二条には「職業選択の自由」と書いてある。

一倉宏
学生援護会／Ｓａｌｉｄａ（サリダ）

あらためてコピーってほんとに自由だと思いました。広告という枠の中に置けば、どんな言葉もコピーになる。憲法だってコピーになるんだなと。仕事選びの自由さについていかにコピーライターが言葉を尽くしたとしても、憲法の条文の強さには勝てない。書くことだけがコピーでなく、何を言うことがいちばんの広告になるか考え見つけることがコピーなのですね。とはいえ、最後の「と書いてある」のコピーワークが光っています。

（児島令子）

# ウイスキーが、お好きでしょ

木村昇
サントリー／
サントリーウイスキーの贈りもの

このコピーは「ウイスキ〜　が　おスキでしょ」とも読める（もう頭の中で誰かが歌っている）。紙に刷り込まれて寡黙に受け手の評価を待っていた言葉も、テレビの中では十分に饒舌だ。当時の状況で言うと、言葉が受け手に対して能動的に動く自由を手に入れたのかもしれない。しかし自由は迷いを増やす。どのように伝えるかの選択肢が飛躍的に増すからだ。「ウイスキーが、お好きでしょ」という言葉は、その意を伝える最善の方法を必死に模索した果てに、今やウイスキー全体の財産とも言えるあの歌に辿り着いた。「とりあえず歌っときゃいいんじゃないの」という昨今ありがちな「歌モノ」コマーシャルとは精神性において異なる。

（山本高史）

# 史上最低の遊園地。

岡田直也　豊島園／としまえん

これは、もう史上最高に笑いましたね、この新聞広告が出た朝は。としまえんは我が家からも近くで、でも一度も行ったことがなくて、行きたくもなかった遊園地ですが、大貫さんや岡田さんがやっているこの仕事を見て、羨ましくて仕方なかったですね。この広告に書かれた細かいコピーにもいちいち大笑い。リアリティもあったし。バカに仕方が超一流。そして最後は、「今日は4月1日です。」というオチ。見事にやられて、しかも、気分が良かった。（佐々木宏）

# 私の意見は、朝日新聞のウケウリです。

石井達矢　朝日新聞社／朝日新聞

間寛平さんなど吉本の芸人さんが、なんだか真面目に社会や経済のことを語っている。そのＣＭの最後にこのコピーがどーんと現れる。面白いことを言ってるわけじゃないのに面白い。いや、だからこそ笑える。笑えるのにちゃんと朝日新聞の広告になっている。「私と新聞」の間柄を、本音お茶の間目線で切り込んだからこそ生まれたコピーであり企画ですね。笑えるって愛すべきことです。（児島令子）

# 四十才は二度目のハタチ。

眞木準　伊勢丹

品性とユーモアと、そしてインテリジェンスに溢れた、いかにも眞木準さんらしい名作のひとつ。都会的で、おしゃれで。しかも、ハートが暖かい。眞木さんの人柄そのままだった。このコピーに出会ったターゲットの女性たちは、みんな胸がキュンとしただろう。これはレトリックや技法の問題ではない。もしも、あなたがおしゃれなコピーを書きたかったら、おしゃれな人間になろう。それは、決して高価なブランド物を身にまとうということではない。デリカシーの働かせ方が、ものごとへの心遣いが洗練されている、ってことなんだ。やっぱり、本物のおしゃれはむずかしいんだ。（一倉宏）

# 世の中、バカが多くて疲れませんか？

仲畑貴志
エーザイ／チョコラBBドリンク

たしか、このコピーは、どこかのバカドモのクレームで使用禁止になったのですよね。ほんとうに、バカには疲れます。なんだか、怒っているコピーライターがのぞいている気がして、好きです。（小野田隆雄）

# バザールでござーる

佐藤雅彦　内野真澄　安藤温子
日本電気／ＮＥＣ冬の情報生活市

ＣＭでのサウンドロゴとともにすっかり耳に残っているコピーでござーる。グラフィック的にも、黄色い背景に茶色いおサルさんのイラストとすべてがくっきりと記号的でわかりやすかったでござーる。記号化することは広告的に効率がよい。みんなにすぐに覚えてもらえる。でもこのキャンペーンは効率だけでない生理的な心地よさがあったでござーる。ただひたすら告知されているのみなのに、好きになってしまう不思議さでござーる。

（児島令子）

# 地図に残る仕事。

安藤寛志　大成建設

大手総合建設業（ゼネコン）に入社すると定年まで、ひとつの仕事しかしないようなこともあるそうです。たとえば青函トンネルに最初から最後まで関係するような。それは、まさに「地図に残る仕事」であると思います。このコピーはおおげさではなく、ゼネコンの本当の仕事を言い当てていると思いました。好きなコピーです。（小野田隆雄）

# 距離にためされて、ふたりは強くなる。

角田誠　後藤由里子
東海旅客鉄道／シンデレラエクスプレス

80年代の終わり。ケータイがまだまだ普及していない頃。週末を一緒に過ごした遠距離恋愛カップルが、日曜の夜、最終の新幹線でふたたびわかれる。駅のホームのそんな切ない一瞬を切り取って、当時大評判となったJR東海「シンデレラ・エクスプレス」の名作コピー。このコピーの偉大な点。それは「ためされる」という言葉を使ったことだと思います。離れることで、折れる心も折れない心も、どちらもあるということを、このコピーはさりげなく提示する。つまりこのコピーにはウソがないのだ。そこが、すごい。ちなみに、このコピーが現れて以降、「ためす」と「ためされる」は、コピーライター全員の、引き出しのひとつとなった。（岡本欣也）

# hungry?

前田知巳
日清食品／日清カップヌードル

往々にしてクライアントは言うだろう。「このコピー、うちの商品じゃなくても言えちゃうことですよねえ…」。そこで一瞬クリエイティブの面々はたじろくだろう。そして帰り道「だからこそいいんだよ」などと力なくこぼすのだ。ライバルとの差別化はコピーの最重要使命だが、それをやらないほうがいい時もある。まっ先に口にすれば、他でも言える物言いが商品固有のコピーになる、こともある。その証拠が「hungry?」。これほどいろんな商品が「言えちゃう」コピーもめずらしいけれど、カップヌードルはそれを言い放ったことで「hungry?」という広大な平野を独占したのだ。もしかしたらいまも、この言葉はカップヌードルの所有物ではないだろうか。　（岡本欣也）

# きれいなおねえさんは、好きですか。

一倉宏
松下電工／ナショナルスチームクルクル

否定ができないコピーとして秀逸ですが、「おねえさん」が、「お姉さん」や「オネエサン」「お姐さん」でなくひらがなであるところが偉い。ひらがなにより幼児性が出てエロ度が若干下がるので、「ぼくすきです！」と子供のように素直にすぐに手を挙げられる。「お姉さん」だと、好きなんだけれど、「好きです！」と手を挙げる前に一瞬周囲の顔色を見て判断する感覚がある。このバランスが上手だ。このコピーを読んでもし「嫌いです」と言われたら、それはもう仕方ない。少数意見かへそ曲がりなので無視してもいいと思う。（澤本嘉光）

# そうだ京都、行こう。

安西俊夫　佐々木宏　太田恵美
東海旅客鉄道

恥ずかしいけど告白します。その辺に引きこもって生きてきたわたしは、20代の後半になっても「京都は大阪より遠い」と思っていました。スミマセン。そんな無知蒙昧は無視したとして、でも何となく京都を遠くに感じていた人は、けっこういるのではないでしょうか。もはやキャンペーン自体が歴史的ともいえるJR東海のこの広告は、「そうだ」というたった3文字の魔法で、京都を熱海くらいの距離感に縮めてくれました。そして表現レベルにおいても、「新しくないもの」をどうやったら新鮮に描けるのかを、軽妙かつ端正なナレーションコピーの数々で、私たちつくり手にじっくりと手ほどきしてくれました。（岡本欣也）

# 愛とか、勇気とか、見えないものも乗せている。

仲畑貴志　九州旅客鉄道

一般的に、広告とは訴求ターゲットをしっかりと想定して臨む行為である。しかし優れたコピーには、ターゲットに関わらず、見る人にあっという間に自分の時空感覚を飛び越えさせてくれる作用があると思う。このコピーで言えば、見る人それぞれに、自分が最も人生にドキドキしていたころにトリップさせてくれるということだ。ただそれは決して「郷愁」ということではない。自らを振り返らせながらも結局は前向きにさせる、という点において、このコピーはまさに秀逸なのである。（前田知巳）

# 愛だろ、愛っ。

佐倉康彦　サントリー／
サントリー　ザ・カクテルバー

　これ、年代別でやれば、若い人には、ベストテンに必ず入るコピーでしょう。

　カクテルバーの永瀬正敏の現代版「男はつらいよ」は、いつも小気味良く、切なく、オシャレなCMでした。当時の若者っぽいシズル感に溢れたこの言葉は、若者たちのかなりに「わかるその気分！」と思わせたに違いないと思う。（佐々木宏）

# 私、脱いでもすごいんです。

小林秀雄　吉本俊　コミー／ＴＢＣ

普通は、私こう見えても「脱いだらすごいんです」という言い回しになるのではないか。顔＝外面はいいんだけど、中味＝内容がねえ、というパターン。「色男金と力はなかりけり」とか。「美人薄命」とか。ひとつ良ければもひとつはダメなものという、いくぶん教訓的な匂いのする言い回し。それがこのCMのコピーではそうでなくて、顔がかわいいうえに「私、脱いでもすごいんです」という。つまり勝者両獲りなのが、清々しいんですよね。視聴者に近いのは、主人公の女性よりむしろ意地悪な質問を重ねる面接官のほうだと思いますが、それが完全にやりこめられるのがいっそ快感であったのかもしれませんね。　（安藤隆）

# 芸能人は歯が命

佐藤由紀夫　サンギ／アパガードＭ

聞くところによれば、最近中国ではＶＩＰの歯について、その美しさが問われ始めているそうです。ずっと昔にアメリカで、そしてそのあと日本で、問題になった歯の美しさ。ＶＩＰや芸能人に求められるすてきな笑顔。このコピー、私は好きです。リアルです。

（小野田隆雄）

# 野菜を見ると、想像するもの。

秋山晶　キユーピー

考えたらキユーピーほど一貫したブランドのディレクションを続けているところはないかもしれない。結果、人々が「野菜を見ると、想像するもの。」はキユーピーであり、さらにはキユーピーの広告コミュニケーション自体だと言えるだろう。「都市と野菜」「アメリカン」「スピード」など脈々と続いてきたキャンペーンは、どれも珠玉としか言い表せない名コピーの歴史である。（前田知巳）

# おじいちゃんにも、セックスを。

前田知巳　宝島社

広告界は、きわめてタブーの多い世界だ。つくり手からすればタブーに手足をしばられている感覚。だが、そんな状況を嘆くどころか、むしろ禁忌が持っている破壊的な力を戦略的に利用して、宝島社は傑作を連打してきた。これもそう。日本の広告がかつて一度もふれなかったであろう「高齢者と性」を大胆かつすなおに新聞という俎上にあげる。そのときボクらは気づくのだ。ほんとうは誰も禁止などしていなかったのだということを。タブーに加担し、安住している臆病者が自分であったということを。　（岡本欣也）

# さびない、ひと。

小野田隆雄　資生堂／エリクシール

ひらがながいいですね。同じ作者の、「ゆれる、まなざし」や「ほほ　ほんのり染めて」や「おはようの朝」もいいでしょう。「錆びる」は強いだけに、ひらがなにしないと、化粧品のコピーにはならないのですね。

（仲畑貴志）

# つまんない広告をする企業は、ほぼ、つまんない。

中村禎　道面宜久　KDDI

「構造改革」の時代に生まれた名コピー、といっていいだろう。日本の社会にはもっと競争原理を導入すべきだ、という動きのなかで生まれた挑戦的なメッセージ。けれども、そこに共感性があるのは、口語的なことば選びと、そしてなにより企業サイドではなく個人の側の視点に立って発言しているから。よくぞ言ってくれた。日本の企業は、ほぼ、つまんない。それにしても、多くの企業の宣伝部と、それから私たち広告制作者も、これをもって自戒とすべきコピーではないか。

（一倉宏）

# 一瞬も一生も美しく

国井美果　資生堂

鮮やかだなあ。企業とコピーの幸せな出会い。化粧品というテーマで、これ以上何を語ることができるのだろう。このクライアントは、このコピーを、長く永く使うことになるでしょう。（仲畑貴志）

# このろくでもない、すばらしき世界。

福里真一　照井晶博　サントリー／BOSS

ろくでもないことがすばらしいのだと評価するのは、ずいぶん高度な感覚なのです。さすが宇宙人ジョーンズ、人間という生き物をわかっていらっしゃる。CMの世界観すべてがこのコピーに集約されていて、ウイットと愛のある読後感。聞くところによると最初に生まれたコピーは「このすばらしき、ろくでもない惑星。」だったそうです。それを前後入れ替えて定着したとか。さてさて、ろくでもなくすばらしいと、すばらしくろくでもないでは、どっちがすばらしいのか？　う〜ん、どっちもすばらしい気がします。

（児島令子）

# ベスト500

＊ベスト100除く

ゴホン！といえば龍角散

龍角散

ミルキーはママの味

不二家／ミルキー

一粒で二度おいしい

江崎グリコ

ミュンヘン　サッポロ　ミルウォーキー

日本麦酒
サッポロビール

ビールつくり三代

梶祐輔
朝日麦酒
アサヒゴールド

カステラ一番、でんわは二番、
三時のおやつは文明堂

岡本光
文明堂

トリスを飲んでＨａｗａｉｉへ行こう！

山口瞳
寿屋／トリスウイスキー

「人間」らしくやりたいナ
トリスを飲んで「人間」らしくやりたいナ
「人間」なんだからナ

開高健
寿屋／トリスウイスキー

おめえ、ヘソねえじゃねえか

興和／コルゲンコーワ

なんである　アイデアル

ヤマハにピンを立てたら
日本の地図になりました――

ホネケーキ以外はキレイに切れません

砂田実
丸定商事
アイデアル洋傘の骨

朝倉勇
日本楽器製造／ヤマハ

秋山晶
資生堂
資生堂ホネケーキ

ワタシニモ　ウツセマス

ド・レ・ミはイ・ロ・ハと同じです

縞は三歳トクをする

小松原和明
富士写真フイルム
フジカシングル・8

朝倉勇
日本楽器製造／ヤマハ

梶原正弘　土屋耕一
伊勢丹

バスが来た。トリスを飲む。
山が見えた。トリスを飲む。
川があった。トリスを飲む。
女が笑った。トリスを飲む。
灯《ひ》がついた。トリスを飲む。
課長が転《ころ》んだ。トリスを飲む。
目がさめた！ 家にいた！

開高健
サントリー／トリス

イエイエ

今井和也
レナウン商事

太陽に愛されよう

犬山達四郎
資生堂
資生堂サマー化粧品

ルーチョンキ

大日本除虫菊
キンチョール

ほんとうのウイスキーの味を
ほんとうに知ってもらえるなら、
ニッカは業界で一位にならなくても
かまわない。

小林勝
ニッカウ井スキー

金鳥の夏　日本の夏

大日本除虫菊
金鳥蚊取線香

クリープを入れないコーヒーなんて…

森永乳業／クリープ

1《ヒト》部屋2《ニ》あかり
3《サン》コンセントと
思い出してください

田原晋
松下電工

愛のスカイライン

向秀男
日産プリンス自動車販売
スカイライン

違いがわかる男《ひと》のゴールドブレンド

深川英雄
ネッスル日本
ゴールドブレンド

空をビューティフルに。
ビジネスをビューティフルに。

桝田弘司
富士ゼロックス

この10年。
事実を深く伝えたのは
レンズか活字か。

朝倉勇
キヤノンカメラ販売
Ｃａｎｏｎ ＦＴ

隣りのクルマが小さく見えます

金子徹
日産自動車販売
ダットサン
サニー１２００

このひとは準指導員って感じだけど
ほんとはデサント着てる
だけなんですね。

土屋耕一
伊勢丹／新宿伊勢丹

朝、起きたときもう疲れてるみたい。

石田勝寿
三共／トリメート・E

われわれの異性は女性です

犬山達四郎
資生堂
資生堂 エムジー5
ギャラック

おっと、ウールカーペットなら、
まだまにあいます。
ミルク、味噌汁、しょう油など。

中塚大輔
国際羊毛事務局
ウールマーク・カーペット

さようなら、人類。

朝倉勇
毎日新聞社
100周年合同企画

中ぐらいもいいさ。

野崎直彦
麒麟麦酒
キリンビール中びん

若さだよ、ヤマちゃん

酒井睦雄
サントリー
サントリー純生

テレビを消した一週間。

萱三鶴
伊勢丹／新宿伊勢丹

愛情はつらつ

石丸淳一
丸井／丸井クレジット

ほほ ほんのり染めて

小野田隆雄
資生堂

ゆっくり走ろう。ゆっくり生きよう。

志村洋一
日産自動車／ローレル

3分間待つのだぞ

中村秀明
大塚化学薬品
大塚のボンカレー

春なのにコスモスみたい

小野田隆雄
資生堂
資生堂ナチュラルグロウ

人の目は入ってきません。
そよ風だけが入ってきます。

西田制次
立川ブラインド工業
タチカワ インテリア
ブラインド シルキー

おっ、口実が咲いた…

仲畑貴志
サントリー
サントリーレッド

女の胸はバストといい、
男の胸はハートと呼ぶ。

手島誠一
樫山／MACKENZIE

さくさくさく、ぱちん。

西村佳也
国際羊毛事務局
ウールマーク

このジャンパーの良さが
わからないなんて、
とうさん、あんたは不幸な人だ！

糸井重里
トーメンアパレル
WELDGIN

ケネディーは好きだったけれど、
ジャックリーヌは嫌いだ。
ラングラーギャルズ。

田村義信
ラングラー・ジャパン

海岸通りのぶどう色

小野田隆雄
資生堂
資生堂ナチュラルグロウ
リップスチック
資生堂ネイルカラー

30分で父帰る。

戸田裕一
日商岩井
日商岩井マンション宇喜田町

北海道の人は、
東京へ来ると
なぜすぐ風邪をひくんだろう。

西村佳也
硝子繊維協会
グラスウール断熱材

裸を見るな。裸になれ。

長沢岳夫
パルコ

死ぬまで女でいたいのです。

長沢岳夫
パルコ

モデルだって顔だけじゃダメなんだ。

長沢岳夫
パルコ

ファッションだって
真似だけじゃダメなんだ。

彼女はフレッシュジュース

小野田隆雄
資生堂
資生堂ナチュラルグロウ
リップスチック

ちかれたびー

岩本力
中外製薬／新グロモント

自転車サイズの町。

戸田裕一
日商岩井
日商岩井マンション竹の塚

春は、希望の別名みたいだ。

影山光久
日産プリンス
スカイライン

女性よ、テレビを消しなさい

杉本英之
角川書店／角川文庫

「角」÷$H_2O$

「一杯やろうよ」

という言葉を訳しますと、

「ゆっくり話をしたい」

ということになります。

アルカリ・ランチ

仲畑貴志
サントリー
サントリー角瓶

仲畑貴志
サントリー
サントリーオールド

秋山晶
中島薫商店
キユーピーマヨネーズ

人間の体は、シンメトリーではない。

キミと、はじめて
「あんなこと」になった頃。
まだ、このジーンズも、
恥ずかしいほど、青かった。
暗がりで、ゴワゴワ、
音なんかしちゃってサ。

西村佳也
国際羊毛事務局
ウールマーク

糸井重里
トーメンアパレル
WELDGIN

写ッ・写ッ・写ッ・写ッ（連写一眼）。

朝倉勇
キヤノン販売
Canon AE-1

どっちがトクかよーく考えてみよう

小西六写真工業

あっ、トンデレラ　あっ、シンデレラ

藤島克彦
大日本除虫菊
キンチョール

…ing

おぉ　きぃ　なぁ　ワッ

ブランデー、
水で割ったら、
アメリカン。

秋山晶
キヤノン販売
Canon AE-1

眞木準
全日本空輸
スカイホリデー沖縄

戸田裕一
サントリー
サントリーブランデー
V.S.O.P

樹氷にしてねと、あの娘は言った。

仲畑貴志
サントリー／樹氷

みんなが勝てたら、ええのにねェ。

竹内基臣
カゴメ
カゴメ野菜ジュース
カゴメトマトジュース

あ、風がかわったみたい

土屋耕一
伊勢丹

凄い技術を使って、
ただのラジオを作った。

仲畑貴志
ソニー／Ｐ１／Ｐ２

遊撃手のように、僕は撮った。

秋山晶
キヤノン販売
Ｃａｎｏｎ ＡＥ－１

メカニズムはロマンスだ。

秋山晶　田村定
キヤノン販売
Ｃａｎｏｎ Ａ－１

１２０マイルをすぎると、
エンジンの音だけでは寂しすぎる。

女の時代。

淡谷のり子さんも綺麗にできます。

田村定
パイオニア
ロンサムカーボーイ

西村佳也
西武百貨店

佐々木克彦
日通販
超音波美顔器エレンス
パック

ナツコの夏

小野田隆雄
資生堂／資生堂ナツコ

犬らしく飼ってやりたいナ
犬なんだからナ

高須良三
日本ペットフード
ビタワン

オヤジに買わせて使ってやろう。
ムスコに買わせて使ってやろう。

仲畑貴志
ソニー／Skytalk

なぜ、時計も着替えないの。

栗野牧夫
服部時計店／ＳＥＩＫＯ

キミが好きだと言うかわりに、
シャッターを押した。

福田恭夫
オリンパス商事
ＯＭ10

紙クズはもう一泊します。

川辺京
帝国ホテル

荒野にいたときより
シカゴにいたときの方が寂しかった

秋山晶
パイオニア
ロンサムカーボーイ

百恵の、赤い靴。

大島征夫
トヨタ自動車販売
ターセル／コルサ

ロマンチックが、したいなぁ。

糸井重里
サントリー
サントリーレッド

カンビールと鉢植えの水は、
きらしたことがない。

眞木準
サントリー
サントリー缶ビール

河も、また中国の畑なんだ。

秋山晶
トウ・キユーピー
キユーピーマヨネーズ

女の記録は、やがて、
男を抜くかもしれない。

土屋耕一
伊勢丹

いま、どのくらい「女の時代」なのかな。

糸井重里
西武流通グループ

父の日は、
父の苦労にむくいて贈り物をする日、
とされているが、あまり盛んではない。

日暮真三
西友ストアー

こんな時、セキが出なければいいが。

秋山晶
大塚製薬
コデックせきどめ

裸一貫、マックロネシア人。

眞木準
全日本空輸
沖縄スカイホリデー

いろんな命が生きているんだなあ〜
元気で。とりあえず元気で。
みんな元気で。

仲畑貴志
サントリー
サントリートリス

〝トリスの味は人間味〟

仲畑貴志
サントリー
サントリートリス

明るいドリンク、カンビール。

眞木準
サントリー
サントリー缶ビール

夢街道。

長沢岳夫
サントリー
サントリーオールド

飲むフリだけして撮影するなら、
お断わりだ。
ポール・ニューマン

仲畑貴志
味の素セネラルフーヅ
ブレンディ

太るのもいいかなあ、夏は。

土屋耕一
伊勢丹

ドアをあけておくには
危険な香りだと思います。
インウイ

土屋耕一
資生堂／インウイ

見知らぬ男に出会っても、
過去を尋ねてはならない。

仲畑貴志
マルオ被服／BIG JOHN

どんな無法者でも、
口ずさむ歌を持っている。

仲畑貴志
マルオ被服／BIG JOHN

ネクタイ労働は甘くない。

眞木準
伊勢丹

敬老の日に、
一年分のやさしさをもらうより、
一年中、すこしずつ楽しいほうがいい。

仲畑貴志
ソニー／WALKMAN

アイツは、
時間にルーズな奴だと
思いこまれつつある。
マズイ。マズイ。

中村禎
ソニー
アラームクロックラジオ
EZアラーム

フルムーン

鈴木八朗
日本国有鉄道
いい日旅立ちフルムーン旅行

梅は咲いたか、Y・M・Oはまだか。

梅本洋一
アルファレコード
イエロー・マジック・オーケストラ「BGM」

一度、ふられていらっしゃい。

岩崎俊一
サントリー
サントリーオールド

「ポール・ニューマンが入れても、
うちの父さんが入れても、
おんなじ味でした。」

仲畑貴志
味の素ゼネラルフーヅ
ブレンディ

人類ハ麺類

村上孝文
日清食品／麺皇《メンファン》

一緒なら、きっと、うまく行くさ。

仲畑貴志
西武流通グループ
SEIBU CARD

真っ赤な情熱の真っ赤って、
どんな真っ赤だろう。

仲畑貴志
ソニー／ダイナミクロン

5時に起こせだなんて冗談でしょ。
ニワトリじゃないのよ、あたし。

中村禎
ソニー／EZアラーム

朝、余裕をもって身仕度して、
ま、一服。という夢から覚めて、遅刻した。

中村禎
ソニー／EZアラーム

タキシード・ボディ、流行。

眞木準
全日本空輸／沖縄

おかしいな。
運転中は歩行者に腹をたてた人が、
歩くとクルマに腹をたてている。

臼井栄三
札幌市
秋の交通安全市民総ぐるみ運動

入学式の写真を見て
名前を思い出せたのは、
たった七人だった。
無理かも知れないけれど、
みんな、いい場所にいるといいね。

男子校のみなさん、慰問に来ました。

あんたも発展途上人。

仲畑貴志
日本リクルートセンター
リクルート

鈴木武人
集英社
プレイボーイ アイズ

眞木準
サントリー
サントリーホワイト

タコが言うのよ。

人間やってくのも大変だけど、
タコやってくのも大変なんだね。

イライラするのは、
生きた植物が、
足りないからかな。

仲畑貴志
サントリー／樹氷

仲畑貴志
サントリー／樹氷

秋山晶
キユーピー
キユーピーマヨネーズ

精神力だけでは、テープを切れない。

秋山晶
大塚製薬
カロリーメイト

アサーッ！

竹内基臣
カゴメ
ＫＡＧＯＭＥ朝市

顔を洗う水と、
飲む水は、
別でありたい気もする。

安藤隆
サントリー
サントリーミネラルウォーター

ケンカはやめた。だから、もう負けない。

仲畑貴志
パルコ

いわゆる、キミの味方になれそうだ。

仲畑貴志
西武百貨店
西武のキャッシング

少女は無口になった。夏の終わりだった。

岩崎俊一
パルコ

お金がないのが、ボクらの強みです。

杉山明人
西武流通グループ
〈セゾン〉カード

チャップイ　チャップイ　どんとポチイ

堀井博次　田井中邦彦
徳永眞一郎
大日本除虫菊
キンチョーどんと

イマ人を刺激する。

眞木準
TDK
TDKビデオテープ

高気圧ガール、はりきる。

眞木準
全日空
リゾートピア　沖縄

これでもか、これでもか、としまえん。

岡田直也
豊島園／としまえん

家を持ってるのに、
「住宅情報」買う人がいる。
どうやら、自分の家の値上がりを、
調べてるらしい。くやしいね。

仲畑貴志
日本リクルートセンター
週刊住宅情報

小さいところが、大きいのですね。

仲畑貴志
毎日新聞社／毎日新聞

人間だったらよかったんだけどねぇ。

糸井重里
学生援護会
日刊アルバイトニュース

働いてるお父さんより、
遊んでいるお父さんのほうが、
好きですか。

仲畑貴志
サントリー
サントリーオールド

はたちを過ぎたら21。

一倉宏
サントリー
サントリーウイスキー
21 ライト&スムーズ

みんな、百まで、生きようぜぃ。

一倉宏
サントリー
サントリーQ

女は、ナヤンデルタール。
男が、ネタンデルタール。

眞木準
AGF
CAFÉ RESORT

9月19日朝刊。
いいニュースだから再掲載します。

高田美子
キユーピー
キユーピーマヨネーズ

ほぼ想像できる。はいてる奴のオンナ。

仲畑貴志
マルオ／BIG JOHN

エブリバデ、大統領ッ。

糸井重里
パルコ

ハワイ一回、ミンク一生。

田中麻子
京王百貨店

私はコレで会社をやめました

川出幸彦　高橋達郎
上野正人
アルマン／パイポ

子供がふえたぶん、
部屋が狭くなってしまった。
もちろん、子供のせいじゃない。
私と妻のせいだ。

杉山明人
リクルート
週刊住宅情報

近頃、娘の帰りが遅いので、
門限は8時だぞ、と注意したら、
うち、門なんてないじゃない、
と言うのですよ。

杉山明人
リクルート
週刊住宅情報

くちびるヌード

竹永睦男
資生堂
資生堂フェアネス

あなたに会えたお礼です。

岩崎俊一
サントリー
サントリーウイスキーの贈りもの

ウイスキーも音楽もなかったら、
心がグジャグジャになるなあ。

仲畑貴志
サントリー
サントリーホワイト

いいコピーが、
スッカラカンに書けない時は、
軽く飲んで、早く寝るしかないなあ。

仲畑貴志
サントリー
サントリーホワイト

私は、あなたの、おかげです。

仲畑貴志
岩田屋

目的があるから、弾丸は速く飛ぶ。

仲畑貴志
パルコ

スーツを着て高い声をだすな、
と歳上の男は思った。

秋山晶
メルボ紳士服／Melbo

いやはや、鳥人だ。

長沢岳夫
武田薬品工業
アリナミンA

女だって、女房が欲しい。

根岸礼子
ＮＴＴ／でんわばん

人柄募集

仲畑貴志
住友林業ホーム／求人

聴いてごらん。見えてくるから。

西村佳也
パイオニア／WAVE

売ってないものは、作るしかない。

眞木準
ブラザー工業
コンパルαⅡ

コクがあるのに、キレがある。

白土謙二　鈴木武人
アサヒビール
アサヒ生ビール

コーヒーは、あらかじめおいしいものを。

仲畑貴志
味の素ゼネラルフーヅ
ブレンディ

姉の胸がふくらんで来た頃から、
兄弟喧嘩は少なくなりました。

仲畑貴志
味の素ゼネラルフーヅ
ブレンディ

家族の顔を想いうかべると、
生きて行けると思う。

仲畑貴志
味の素ゼネラルフーヅ
ブレンディ

必要なものは、地味に見える。

秋山晶
大塚製薬
カロリーメイト

うまくしゃべるほど、
ウソになってしまうなあ。

仲畑貴志
パルコ

①ベンザエースが効く人は、
②ベンザエースを飲んだ人です。

仲畑貴志
武田薬品工業
ベンザエース

広告で「生える」とは、言えません。

佐々木宏
ライオン
薬用ペンタデカン

夫が建てる 妻の家

石井達矢
国土建設／Ｐ・ＣＯＮ

これからも生きて行くので、
私は保険に入ります。

山本尚子
西武セゾングループ
セゾンカード

拳骨で読め。乳房で読め。

糸井重里
新潮社／新潮文庫

遠い日のような、今日。

秋山晶
サントリー
ジャック・ダニエル

ワンフィンガーで飲《や》るもよし。
ツウフィンガーで飲《や》るもよし。

鈴木聡
サントリー
サントリーオールド

近道なんか、なかったぜ。

小野田隆雄
サントリー
サントリーオールド

ハートをあげる。ダイヤをちょうだい。

米嶋剛
サントリー
サントリーのバレンタインギフト

まっすぐの人間だから、よくぶつかる。

仲畑貴志
西武百貨店／VARIE

テレビに出て来る人々がみんな自分に
無理しているように見えたりする
そんなキツイ時代だから
やわらかい味が欲しくなるのだろうか

仲畑貴志
味の素ゼネラルフーヅ
ブレンディ

新聞を開くたびにギシギシ音がするような
なんだか息が苦しい世の中だから
やわらかな味が好まれるのかも知れない

仲畑貴志
味の素ゼネラルフーヅ
ブレンディ

母が恋した頃の夏に、
娘が近づいて行く。

仲畑貴志
味の素ゼネラルフーヅ
ブレンディ

ほしいものが、ほしいわ。

糸井重里
西武百貨店

川崎事件。

岡田直也
西武百貨店／川崎西武

男も妊娠すればいいんだ。

根岸礼子
オカモト
SKINLESS ミニ

老人が住みやすい家は、
人間が住みやすい。

岩崎俊一　積水ハウス

音が進化した、人はどうですか？

一倉宏
ソニー
新世代 WALKMAN

胸より胸の中を見せるほうが、
恥づかしかったりする。

武藤庄八
ＥＰＩＣ・ソニー
「やわらかな心」
片桐麻美

今年は渋谷をヒマにします。

岡田直也
豊島園／としまえん

生きるが勝ちだよ、だいじょうぶ。

仲畑貴志
セゾングループ
セゾンカード

歴史は、あっちこっちで作られる。

仲畑貴志
朝日新聞社／朝日新聞

フジテレビを見なくても生きてはいける

佐々木宏
フジテレビジョン
フジテレビ

テレビに飽きたらフジテレビ

佐々木宏
フジテレビジョン
フジテレビ

アホでもいいよ、元気なら

仲畑貴志
扶桑社
『KUWATA—音楽馬鹿大将の冒険』
Katsuo Hanzawa

ビリー・ザ・キッドが倒れた頃、
バドワイザーが生まれた。

眞木準
サントリー
バドワイザー

一度でいいから、飲んでくれ。

谷山雅計
三楽
オーシャンホワイト

試しに買うと、すぐ無くなる。

秋山晶
キユーピー
キユーピーマスタード
マヨネーズ

メリノはケケケの王様です。

眞木準
IWS国際羊毛事務局
メリノ・ウール

男は、体のどっかで、20才。

眞木準
伊勢丹
男の新館20周年

私だけ、美人だったら、いいのに。

山本尚子
西武百貨店／西武

人の間にＫＤＤ。

谷山雅計
ＫＤＤ

60年前から、
作るものはいつも最新型でした。

岡田亜子
日本電気／NEFAX400

失敗より、諦めのほうが、
ほんとは恐い。

細野一美
日本電気
NEFAX80/80HD

ようこそ、
キミは音楽のある星に生まれたんだよ。

仲畑貴志
ソニー
SONYハイポジション
UX

ベランダでたばこを吸う人を、
ホタル族と言いまして。

佐々木洋一
松下電器産業／エオリア

聞いたこともない遊園地だが、
わたしは応援します。

岡田直也
豊島園／としまえん

人類は、アブナイものを作りすぎた。

仲畑貴志
全国農業共同組合
「いのちの祭－風」農協

農業が壊れたら
日本人は全員会社員になるのだろうか？

仲畑貴志
全国農業共同組合
米の市場開放阻止　全国１００万人総行動・農協

不意のお客様にフジテレビ。

佐々木宏
フジテレビジョン
フジテレビ

ちっちゃな本が
でかいこと言うじゃないか。

佐藤澄子
講談社
講談社文庫１００冊の本

文学部を出ても、工学部を出ても、
法学部を出ても、農学部を出ても、
経済の勉強。

魚住勉
日本経済新聞社
日本経済新聞

海は、もうひとつの畑なんだ。

秋山晶
キユーピー
キユーピーマヨネーズ

ちからこぶる。

渡辺裕一
日清食品
カップヌードル

メリノウールを着る運動。

眞木準
IWS国際羊毛事務局
メリノ・ウール

ハッピーエンド始まる。

眞木準
伊勢丹

血圧、正常です。
肝臓、良好です。
パンツ、抜群です。

児島令子
内外衣料製品
SILVER OX

こんなに憎み合うのは、
あんなに愛し合ってたからですか。

仲畑貴志
パルコ

今日、私は、
街で泣いている人を見ました。

仲畑貴志
エーザイ／チョコラＢＢ

24時間戦えますか

勝部修　森脇淳
黒田秀樹
三共／リゲイン

あかちゃんは、
おっぱいを、
えらべない。

なーんだ簡単なアイデアだ。
と気づいたら、それは正しい新製品。

こだま、ひかりを抜く。

岡本徹
ホーネンコーポレーション
豊年カルシウム（ヨーグ
ルト味）・アナイスFe鉄
&Cドリンク

仲畑貴志
シャープ
スタンド形クリーナー
ＥＣ－Ｓ３５　ラクダ
ｚ－ｏ

藤曲厚司
東海旅客鉄道
こだま

私のジングルベルを鳴らすのは、
帰って来るあなたです。

平野由里子
東海旅客鉄道

アパルトヘイトは地球で最後の、
法律で許された人種差別です。

佐藤澄子
「アパルトヘイト否《ノン》！
国際美術展」実行委員会
アパルトヘイト否《ノン》！
国際美術展

なんでも揃う世の中で、
命がひとつとは面白い。

仲畑貴志
熊本県警
安心交通くまもと

ポルシェ、フェラーリ、ロールスロイス
免許があれば、どれでも乗れる。

仲畑貴志
小山ドライビングスクール
コヤマドライビングスクール

どうして、みんな、
馬鹿のふりして生きているのだろう。

一倉宏
小学館／SAPIO

ミニきませんか。

眞木準
伊勢丹／ISETAN

死ぬほど好きという脅迫。

仲畑貴志
岩田屋
FASHION OF IWATAYA

なんにもしないをするの。

古居利康
西武百貨店

愛するひとには、お金がかかる。

山本高史
西武百貨店／有楽町西武

デニーズでぶらぶらしてる
暇があったら、
デニーズで働いてみないか。

高原禎司
デニーズジャパン
Denny's

男は女から生まれた。

古泉和子
ビッグジョン
BIGJOHN EXTRA

ネコに聴いてつくりました。

調昭雄
日清製粉／Carat

人はみな、強いようで弱いね。

仲畑貴志
エーザイ／チョコラＢＢ

絵を買う気持ちと、花を選ぶ気持ちと、
ＴＯＴＯを使う気持ちが
近くなりますように。

仲畑貴志
東陶機器

今どき、「大画面」だけじゃ、いばれない。
では、どこで選ぶか？

仲畑貴志
シャープ／液晶ビジョン

目の付けどころがシャープでしょ。

仲畑貴志
シャープ

昼間のパパはちょっとちがう
昼間のパパは光ってる
昼間のパパはいい汗かいてる
昼間のパパは男だぜ

糸井重里
清水建設

日本を休もう

生出マサミ　角田誠
東海旅客鉄道

もっと2

佐藤雅彦
東日本旅客鉄道
JR東日本

私たちの製品は、
公害と、騒音と、廃棄物を
生みだしています。

廣澤廉優
ボルボ・カーズ・ジャパン
VOLVO

読んでいる人は戦えない。

岩崎俊一
集英社

うまいんだな、これがっ。

一倉宏　佐藤雅彦
内野真澄
サントリー
サントリーモルツ

時は流れない。それは積み重なる。

秋山晶
サントリー
サントリークレスト12年

マーケティングがつくれないもの。

小霜和也
レミージャパン
REMY MARTIN

何人まで愛せるか。

眞木準
伊勢丹

疲れている人は、いい人だ。

岡部正泰
武田薬品工業
アリナミンA

あなたのヌードは、ちゃんとエッチですか。

児島令子
マチス化粧品
MATIS PARIS

弟は、オシッコちびったけど、
ボクは、お兄ちゃんだから、
ちょっとしかちびりませんでした。

仲畑貴志
シャープ
液晶ビジョンA

村田製作所は
なにをセイサクしているんだろう

安藤隆　下堂貴政
村田製作所

女は、仕事で死んだりしない。

仲畑貴志
ワールドゴールド
カウンシル
ブローチ・ヌーベル

なんだ、ぜんぶ人間のせいじゃないか。

仲畑貴志
毎日新聞社
毎日新聞

ふたりで消えた日。

岡康道　太田恵美
東日本旅客鉄道
びゅうジャパン

彼よりも課長の顔を
見ている時間が長いのは
不自然だ。と気づいた
京都のお庭でした。

岡部正泰
東海旅客鉄道

いちばん休まなければいけない人が、
いちばん休んでいない。

後藤彰久
東海旅客鉄道

少年少女は、過去だ。
が、おじいさんおばあさんは、未来だ。

佐々木宏
フジテレビジョン
フジテレビ

ビール、ビールと蟬が鳴く。

中村禎
キリンビール
キリン一番搾り

ボス、のむ。

佐々木宏
サントリー／BOSS

カロリー不足で、お悩みの方々へ。
ダイエットペプシより
コカ・コーラライトをおすすめします。

仲畑貴志
日本ペプシコーラ社
ダイエットペプシ

コカ・コーラライト1缶で
ダイエットペプシ12缶分の
カロリーがとれます。

仲畑貴志
日本ペプシコーラ社
ダイエットペプシ

品のある質。

眞木準
伊勢丹

きょねん、広告で約束したこと、
できているか、見に来てください。

仲畑貴志
岩田屋

オジサンも、父だと思えば、
みなかわいい。

登内綾子
ニチイ専門事業本部
VIVRE

反省だけなら、サルでもできる。

仲畑貴志
大鵬薬品工業
チオビタドリンク

あなたがトイレでしたことを、
97%なかったことにいたします。

小川英紀
東陶機器
オゾン脱臭ウォシュレット

その先の日本へ。

秋山晶
東日本旅客鉄道
山形新幹線「つばさ」

名前以外は、すべて新しい。
新マークⅡ誕生。

秋山晶
トヨタ自動車
新マークⅡ

いい予備校は、不幸中の幸いです。

木村透
一橋学院

十年後の夏、また泣いた。

糸井重里
新潮社
新潮文庫の百冊

いっそ、たけしを首相に。——市民D

佐々木宏
フジテレビジョン
フジテレビ

大好きというのは、差別かもしれない。

佐倉康彦
イザック／Y'SACCS

清く貧しいよりも
清く豊かなほうがいいと思います。

山本高史　西武百貨店

これからの老人はでかい。

岩崎俊一
積水ハウス

遊んでくれてありがとう。
ボクは石油にもどります。

岩井俊介
東芝
プラスチック廃材油化技術

夢とか、決意とか、
見えないものも乗せている。

仲畑貴志
九州旅客鉄道

ま、いいか。という名の凶器。

岡部正泰　国分浩
公共広告機構

仕事の約束は誰でも守る。
遊びの約束をすぐ破ってしまう人が
私はさびしい。

岩崎俊一
セゾン生命
ユーフレックス

男をやっていると、喉が渇くことが多い。

山本高史
キリンビール／シャウト

ベネトンのいちばんちいさい服。

長谷川宏
オカモト
BENETTON CONDOM

父は、博多では35歳で通しているらしい。

鹿島進
花王
ブローネ ヘアマニキュ
アフォーム〈白髪用〉
メンズブラック

外国へ行って無口になるより、
家族で行こう九州の夏。

仲畑貴志
九州旅客鉄道

地球に、ポッと桜色に
なっているところがあるとしたら…
京都です。

太田恵美
東海旅客鉄道

タイは、若いうちに行け。

大建直人　神谷幸之助
タイ国際航空

一生に一台だけ、と言われたら。

野高泰暢
日産自動車
インフィニティ

人は誰でもミスをする。

角田誠
メルセデス・ベンツ日本

大阪府警！

絹谷公伸
大阪府警察本部
大阪府警察官募集

人を救うのは、人しかいない。

石井達矢　山本良二
公共広告機構
阪神大震災支援

国の顔は、
決して政治家の顔などではない。

安藤寛志
集英社

ある日、日経は顔に出る。

松下武史
日本経済新聞社
日本経済新聞

フジテレビが、いるよ。

佐々木宏
フジテレビジョン
フジテレビ

朝刊よりはやい　夕刊フジ

丸山博久　髙崎卓馬
産経新聞社／夕刊フジ

ユーはいいなあ

安藤隆
サントリー
サントリー烏龍茶

はっきり言ってもうかりにくい。

岡田賢
岩田屋
冬の紳士婦人ラスト
チャンスバーゲン

むね上げ。
むねがこみあげる日、という人がいた。

岩崎俊一
積水ハウス
SHAWOOD

そとは　ピーー　なかは　ムラタ

安藤隆
村田製作所

東北大陸から。

眞木準
東日本旅客鉄道

「忙しいなら無理して
帰らなくていいよ。」は、
ほとんどの場合、嘘です。

白石大介
東日本旅客鉄道
お正月

ホンダ買うボーイ。

眞木準
本田技研工業／ＣＲ－Ｖ

いろいろ奪うと、大人ができる。

前田知巳
東芝ＥＭＩ
『復活‼　ザ・タイマーズ』

きょ年の服では、恋もできない。

眞木準
三陽商会
Burberrys BLUE LABEL

踊れるバーバリー。

眞木準
三陽商会
Burberrys BLUE LABEL

ぐっすりが、いちばんのくすり。

赤城廣治
東洋羽毛工業
東洋羽毛の羽毛ふとん

顔は、ハダカ。

仲畑貴志
コーセー
アンテリージェ アクティライザーII

美しい50歳が増えると、
日本は変わると思う。

岩崎俊一
資生堂
アクテアハート

メーカーの論理より、
ユーザーの実感の方が、はるかに正しい。

岡村雅子　籠島康治
アップルコンピュータ

彼女がほしい？ その鼻毛で？

芳谷兼昌
松下電工
鼻毛カッター

仏様に対して
こういう言い方もなんですが、
「きれいだなぁ」

太田恵美
東海旅客鉄道

正月は、父の日、母の日。

白石大介
東日本旅客鉄道
帰省キャンペーン

仕事は人を幸せにできる。

岩崎俊一
トヨタ自動車
ウィンダム

ヤクザ　1,010円
大蔵省　880円
万馬券　780円
死体　1,070円
インターネット　980円
自衛隊　1,010円
看護婦　1,010円
神サマ　1,010円
※すべてご用意しております。

前田知巳
宝島社／別冊宝島

こどもといっしょにどこいこう。

鈴木聡　松井正徳
本田技研工業
HONDA Step WGN

よけいな味がしない。

田中量司
カゴメ
カゴメトマトジュース

それゆけ私

安藤隆
サントリー
サントリー烏龍茶

労働は、イヤでおじゃる。

藤田芳康
サントリー
サントリーのほほん茶

山の神様がくれた水。

藤田芳康
サントリー
南アルプスの天然水

いいだろ頭悪くて

吉岡虎太郎
ボブソン

NUDE OR LAFORET.

横道浩明　大貫卓也
ラフォーレ原宿

女子高生に大ブーム!!
なーんて広告は、やめてねっ。

児島令子
松下電器産業
Curl Girl

知名度、0%　日本サムスン。

木村透　時松哲哉
日本サムスン

21世紀に間にあいました。

岩崎俊一　佐藤健治
トヨタ自動車
プリウス

もういちど、自動車を発明します。

角田誠　西橋佐知子
メルセデス・ベンツ日本
Aクラス

あなたがいま辞めたい会社は、
あなたが入りたかった会社です。

梅沢俊敬
リクルート人材センター

飲み会で仕事の話をやめた。
すると話題がなくなった。

梅沢俊敬
リクルート人材センター

その加害者は、被害者に見えました。

山本高史
三井海上火災保険

仕事を聞かれて、
会社名で答えるような奴には、
負けない。

紫垣樹郎
リクルート／ガテン

和イスキー

眞木準
サントリー
サントリーウイスキー膳

魚の鮮度は目で見わけられますが、
マヨネーズの鮮度は外からわかりません
いちばん売れているマヨネーズを
お選びになったらいかがでしょう。

秋山晶
中島薫商店
キユーピーマヨネーズ

ガツン

多田琢　佐々木宏
サントリー／ボスセブン

大人は来年が好きだなあ。

林まり子
伊東屋
手帳とカレンダー

フランス人が、
フランスの心を伝えるのに、
イギリスの物産を贈るでしょうか？

仲畑貴志
岩田屋

うちの窓から、
うちが眺められたらいいのに。

石川英嗣　中澤俊吉
旭化成工業住宅事業部
エル　レガーロ　ヘーベル
ハウス

薬事法により、薬の広告では、
たとえ事実だとしても
No.1と言ってはいけないんです。

篠原直樹　庭山裕之
山之内製薬／ガスター10

村田製作所は、
きょうも、小さいことをやっています

高澤峰之
村田製作所

駅に着いた列車から
高校生の私が降りてきた。

佐藤澄子
JRグループ
青春18きっぷ

愛に雪、恋を白。

一倉宏
東日本旅客鉄道
JRSKISKI

こういう企業が、
成功するか、失敗するかで、
日本の将来は決まる、と思う。

佐々木宏
北海道国際航空
AIRDO

英語を話せると、10億人と話せる。

岩崎俊一　岡本欣也
ジオス／英会話のジオス

害虫と決めたのは人間。
益虫と決めたのも人間。
勝手なんだから。

仲畑貴志
名和昆虫博物館

あんたがおまわりさんになったら
それこそ大事件やねぇ。

中田論志
大阪府警
大阪府警察官募集

享年八十二歳
母はサイレンが大嫌ひでした。

中谷典久
片岡機械墓塔部

日本人。
南米では、サッカーが下手なやつを
こう呼ぶという。

森田直樹
ナイキジャパン

育児をしない男を、父とは呼ばない。

田中裕子
厚生省

ニッポンをほめよう。

谷山雅計　辻野裕
60社連合広告

健康がブームになるなんて、異常だ。

斉藤直之
カゴメ／体内環境正常化

流行りもしないが、すたれもしない。

荻友幸
BIGJOHN
BIGJOHN 60TH Anniversary

20世紀に、置いてゆくもの。
21世紀に、持ってゆくもの。

一倉宏
シャープ／ウィンドウ

私は、バリバリの「鬱」です。

福井卓　北村富美子
塩野義製薬

ひとりで生きるお嬢様のために
エアコンができること。
ピンクになること。

児島令子
松下電器産業
SINGLE STAGE エアコン

私、誰の人生もうらやましくないわ。

児島令子
松下電器産業
SINGLE STAGE

AIR DOをつぶせ!

磯島拓矢
北海道国際航空
AIR DO

モノより思い出。

小西利行
日産自動車/セレナ

恋人は、しょせん素人です。

手島裕司
ヘルス東京

人は貧しいという理由で
死んではいけない。

岩崎俊一
日本フォスター・プラン協会
フォスター・ペアレント募集

1日歩かなければ行けない病院とは、
病人にとっては、ないのと同じです。

岩崎俊一
日本フォスター・プラン協会
フォスター・ペアレント募集

「別に用はないけど」の「けど」がスキ。

門田陽
NTTドコモ九州

がんばれＮＴＴ　がんばるＫＤＤＩ

中村禎　道面宣久
ＫＤＤＩ

てめえの国も知らないで、
なにがグローバリズムだ。

大島征夫 福岡英典
サントリー
サントリー美術館
四十周年

ともだちの「ゼンゼン勉強してない」ほど
当てにならないものはない。

福部明浩
増進会出版社
Ｚ会の通信教育

別ヨ

この国には、
まだ掃除しきれていない20世紀が、
いっぱいあると思う。

他社のビールも、よく冷える。

児島令子
全日本空輸
ANA's 別冊ヨーロッパ

前田知巳
宝島社

斉藤賢司
サッポロビール
サッポロビール　黒ラベル

speed！

秋山晶
キユーピー
キユーピーマヨネーズ

旅に出る服は、写真に残る服だ。

岩崎俊一　岡本欣也
西武百貨店
トラベルワンダーランド

きれいなひとに性格で負けた。
ショックだわ。

中村聖子
ソラリアプラザ

「話したい」
これ以上の用件はありません。

田中量司　青木孝博
佐藤恵子　関喜雄大
ＮＴＴドコモ
ケータイ家族物語

写メール

石川透　児玉尚樹
Ｊ-フォン東日本

ニューヨークへ、行こう。

佐々木宏
全日本空輸

かむことは、考えること。

内田しんじ
カネボウフーズ　フリスク
インターナショナル
フリスクガム

自分史上最高キレイ！

安藤隆
サントリー
サントリー烏龍茶

いい空は青い。

一倉宏
全日本空輸

高速中国ＡＮＡ

一倉宏
全日本空輸

国会議事堂は、解体。

前田知巳
宝島社／週刊宝島

打球は、ラジオの方がよく飛ぶ。

門田陽
ＲＫＢ毎日放送
ＲＫＢラジオ
EXCITING NIGHTER

たばこを持つ手は、
子供の顔の高さだった。

岡本欣也
日本たばこ産業

７００度の火を持って、
私は人とすれちがっている。

岡本欣也
日本たばこ産業

あなたが気づけばマナーは変わる。

岡本欣也
日本たばこ産業

つまらん！

石井達矢　山崎隆明
大日本除虫菊
水性キンチョール

今日、高橋を失った。

杉谷有二
高橋書店／手帳

死ぬのが恐いから飼わないなんて、
言わないで欲しい。

児島令子
日本ペットフード

子どもに見せられないことを、
大人たちがやっている。

岡部正泰
ポプラ社
『ぼくの見た戦争――
2003年イラク』

生年月日を捨てましょう。

前田知巳
宝島社

ビールづくりは、農業だ。

福島和人
サッポロビール
サッポロ生ビール
黒ラベル

やがて、いのちに変わるもの。

岩崎俊一　岡本欣也
ミツカングループ本社

日本って、
おじさんとおばさんの国なんだ。

有利英明　福井秀明
ツーカーセルラー東京

道のさき　空のふもと

山本高史
トヨタ自動車
カローラフィールダー

「明日からやろう」と40回言うと、
夏休みは終わります。

加藤大志郎
増進会出版社
Ｚ会の通信教育

このままじゃ、私、可愛いだけだ。

吉岡虎太郎
朝日新聞社／朝日新聞

時代は変わる。ラガーは変わるな。

秋山晶　岡康道
キリンビール
キリンラガービール
キリンクラシックビール

かるくヤバい。

石井寛
サッポロビール
サッポロスリムス

牛乳に相談だ。

岡野草平
中央酪農会議

人は、
書くことと、消すことで、
書いている。

岩崎俊一　岡本欣也
トンボ鉛筆

大人は、とっても長いから。

児島令子
東日本旅客鉄道
大人の休日倶楽部

あんなに社員につめたい企業が、
地球にはやさしくしているという。

佐藤司郎
環境ワンダーランド

予想外。

澤本嘉光
ソフトバンクモバイル

ガス・パッ・チョ！

谷山雅計
東京ガス／東京ガス

「サンキュー！」だけで、
父は一週間のりきった。

玉山貴康
楽天トラベル

団塊は、資源です。

前田知巳
宝島社

着信履歴がぜんぶ母。

岩田純平　関健太郎
日本たばこ産業
ルーツ

ココロとカラダ、にんげんのぜんぶ

山本高史　オリンパス

年賀状は、贈り物だと思う。

岩崎俊一　岡本欣也
郵便事業／年賀はがき

服を買いに行く服がない。

岩崎俊一　岡本欣也
米田恵子
ミレニアムリテイリング
そごう・西武百貨店
そごう夏市

家でやろう。

稗田倫広
東京地下鉄

# 索引

# コピーライター

## あ行


青木孝博……286
赤城廣治……264
秋山晶……28 82 94 118 123 156 167 184 187 189 193 194 195 205
朝倉勇……167 168 173 175 186
新井清久……80
有利英明……292
粟野牧夫……192
安西俊夫……151
安藤温子……146
安藤隆……206 247 261 262 268 287
安藤寛志……147 260
石井寛……294
石井達矢……130 143 221 259 290
石川透……286
石川英嗣……274
石田勝寿……174
石丸淳一……125 176
磯島拓矢……281
一倉宏……140 150 211 226 239 245 276 279 287 288
井出壬一……128
糸井重里……10 16 64 102 106 129 133 134 139 179 185 193 195 210 212 221 224 243 253
伊藤アキラ……79
犬山達四郎……170 174
今井和也……170
岩井俊介……255
岩崎俊一……201 207 214 225 244 255 256 262 265 267 271 276 282 285 292 294 297 298
岩田純平……297
岩本力……182
上野正人……213
魚住勉……97 111 234
臼井栄三……203
内田しんじ……287
内野真澄……146 245
梅沢俊敬……271 272
梅本洋一……200
生出マサミ……243
大島征夫……193 283
太田恵美……151 248 258 266
大建直人……258
大貫卓也……270
大橋巨泉……78
岡康道……248 293
岡田亜子……231
岡田賢……261
岡田直也……132 142 209 225 226 232
岡野草平……294
岡部正泰……246 248 256 291
岡村雅子……265
岡本欣也……276 285 289 292 294 297 298
岡本徹……237
岡本光……165
小川英紀……252
荻友幸……279
小野田隆雄……58 92 114 119 158 177 178 180 182 191 222


## か行


開高健……166 169
影山光久……183
籠島康治……265
梶祐輔……165
鹿島進……257
梶原正弘……168
勝部修……236
加藤大志郎……293
加藤英夫……83
門田陽……282 288
金子徹……173
神谷幸之助……258
川崎徹……109 117
川出幸彦……213
川辺京……192
閑喜雄大……286
北村富美子……280
絹谷公伸……259
木村透……253 270
木村昇……141
国井美果……160
黒田秀樹……236
古泉和子……241
国分浩……256
小島厚生……76
児島令子……235 246 270 280 284 290 295
小霜和也……245
児玉尚樹……286

後藤彰久……249
後藤由里子……148
小西利行……281
小林秀雄……154
小林勝……171
駒城卓爾……72
小松原和明……168

## さ行

斉藤賢司……284
斉藤直之……279
酒井睦雄……176
佐倉康彦……153 254
佐々木克彦……190
佐々木宏……151 220 227 228 233 249 250 254 260 273 276 286
佐々木洋一……232
佐藤恵子……286
佐藤健治……271
佐藤司郎……295
佐藤澄子……233 238 275
佐藤雅彦……146 244 245
佐藤由紀夫……155
澤本嘉光……295
紫垣樹郎……272
篠原直樹……275
志村洋一……177
下堂貴政……247
白石大介……263 266
白土謙二……218
調昭雄……241
菅三鶴……176
杉谷有二……290
杉本英之……183
杉山明人……208 213 214
杉山恒太郎……91 101
椙山三太……78
鈴木聡……222 268
鈴木武人……204 218
鈴木八朗……200
砂田実……167
関健太郎……297

## た行

田井中邦彦……109 208
髙崎卓馬……261
髙澤峰之……275
高須良三……191
高田美子……212
高橋達郎……213
高原禎司……241
滝島英男……78
竹内基臣……115 188 206
竹永睦男……214
多田琢……273
田中麻子……213
田中裕子……278
田中量司……268 286
谷山雅計……229 230 278 296
田原晋……172
玉山貴康……296
田村定……189 190
田村義信……180
辻野裕……278
土屋耕一……84 85 89 98 103 168 174 188 194 198
角田誠……148 243 259 271
手島誠一……179
手島裕司……281
照井晶博……161
道面宜久……159 283
時松哲哉……270
徳永眞一郎……208
戸田裕一……180 183 187
登内綾子……251
富沢善治……79
豊原英明……74

## な行

中澤俊吉……274
長沢岳夫……107 116 181 182 197 216
中島啓雄……77
中田論志……277
中谷典久……277
中塚大輔……175
仲畑貴志……22 46 90 99 108 110 113 120 122 124 126 127 135 138 145 152 178 184 188 189 191 196 197 198 199 201 202 204 205 207 209 210 212 215 216 217 218 219 220 223 224 227 228 231 232 233 236 237 238 239 240 242 243 247 248 250 251 252 255 257 265 274 277
中村聖子……285
中村禎……159 200 202 203 249 283
中村秀明……177

西田制次……87 178
西橋佐知子……271
西村佳也……40 52 179 181 185 190 217
庭山裕之……275
根岸礼子……217 225
野崎直彦……175
野高泰暢……258

## は行

長谷川宏……257
林厚爾……73
林まり子……274
稗田倫広……298
日暮真三……195
平野由里子……238
廣澤廉優……244
深川英雄……172
福井卓……280
福井秀明……292
福岡英典……283
福里真一……161
福島和人……291
福田恭夫……192
福部明浩……283
藤岡和賀夫……81
藤島克彦……186
藤田芳康……269
藤曲厚司……237
古居利康……240
古川英昭……34
細野一美……231
堀井博次……109 208

## ま行

前田知巳……149 157 263 267 284 288 291 296
眞木準……88 93 95 96 100 105 112 131 136 137 144 187 194 196 197 199 203 204 208 209 211 218 228 229 230 235 239 246 251 262 263 264 273
桝田弘司……173
松井正徳……268
松下武史……260
丸山博久……261
宮崎光……121
向秀男……86 172
武藤庄八……226
村上孝文……201
森田直樹……278
森脇淳……236

## や行

山口瞳……166
山崎隆明……290
山本高史……240 254 256 272 292 297
山本尚子……221 230
山本良二……259
横道浩明……270
吉岡虎太郎……269 293
芳谷兼昌……266
吉本俊……154
米嶋剛……223
米田恵子……298

## わ行

渡辺一博……104
渡辺裕一……234

# キーワード

## あ


あ……188
愛……88 137 152 153 172 276
愛されよう……170
愛し合ってた……236
愛して……65
愛情……176
愛する……240
愛せるか……246
アイツ……200
アイデア……117 237
逢いましょう……74
会えた……214
青い……287
青かった……185
赤い……193
あかちゃん……237
あかり……172
明るい……197
空カン……105
飽きたら……228
諦め……231
あけておく……198
あげる……47 223
朝……174 203
アサーッ……206
味……72 164 171 196 201 223 224 268
明日……293
汗……243
遊び……256
遊んでいる……210
遊んでくれて……255
あたし……202
頭悪くて……269
新しい……253
あっ……186
あっちこっち……227
当てにならない……283
あなた……214 215 238 246 252 271 289
姉……219
あの娘……188
アパルトヘイト……238
アブナイ……232
アホ……228
甘くない……199
アメリカン……187
あらかじめ……218
洗って……23
有難さ……135
ありがとう……255
ありません……133
ある……218
歩かなければ……282
アルカリ・ランチ……184
歩く……203
ある日……260
淡谷のり子……190
あんた……179 204 277
あんな男……116
あんなこと……185
あんなに……236 295


## い


いい……91 199 212 215 243 246 253 254 287
言い方……266
いいか……256
いいかなあ……198 256
いいから……229
いいこと……76
いいさ……175
いいだろ……269
いいなあ……261
いいね……204
いいのに……230
いい場所……204
言いまして……232
いいよ……228
言う……108 192 293
言うじゃないか……233
言うのですよ……214
言うのよ……205
家……169 209 221 225 298
イェイェ……170
いえば……164
言えません……220
以外……167 253
いかがでしょう……273
いかにも……117
息……224
生きた……205
生きて……124
生きて行く……221
生きていける……227
生きて行ける……219
生きている……196 239
生きよう……177
生きようぜぃ……211
イギリス……274
生きる……227 280
育児……278
行け……258
いけない……249
行けない……282
意見……143
いこう……268
行こう……151 166 257 286
異常……122 279
異性……174
忙しい……263
いた……169
一位……171
一眼……186
一台……258
一度……94 201 229
一年中……199
一年生……101
一年分……199
いちばん……249 257 264 273
一番……165
一部……82
一部分……103
一回……213
いつかは……121
一週間……176 296
一瞬……160
一緒……202
いっしょ……268
一生……160 213 258
いっそ……254
言った……188
行って……257
言ってはいけない……275
いっぱい……284
一杯……184
一泊……192
一般大衆……117
一服……203
いつも……231
犬……191
いのち……292
命……155 196 238
いばれない……242
いま……195 271
イマ人……208
今どき……242
イモ……113

慰問……204
イヤ……269
いやはや……216
イライラする……205
いる……111
いるよ……260
入れても……201
入れない……171
いろいろ……263
イ・ロ・ハ……168
いろんな……196
言わない……290
いわゆる……207
言われたら……258
インターネット……267
インテリげんちゃん……129

う

ウイスキー……141 171 215
ウール……41
ウケウリ……143
失った……290
ウソ……220
嘘……263
歌……199
うち……214 274 201
鬱……280
美しい……104 265
美しく……160
美しさ……103
ウツセマス……168
売ってない……218
うつります……104
奪う……263
うまいんだな……245
うまく……220
うまく行く……202
生まれた……228 231 241
海……234
生みだしています……244
梅……200
うらやましくない……280
売れている……273
運転中……203
運動……235

え

絵……242
エアコン……280
英語……276
ええのにねェ……188
駅……275
益虫……277
エッチ……246
エブリバデ……212
選ぶ……242
選ぶか……242
えらべない……237
円……267
エンジン……190

お

おいしい……11 164 218
置いてゆく……279
応援……232
王様……229
お選びに……273
多い……256
大きい……76 210
おぉきぃなぁワッ……187
大きく……90
多くて……145
大蔵省……267
大阪……113
大阪府警……259
おかげ……215
おかしいな……203
お金……208 240
起きた……174
お客様……233
贈り物……195 297
贈る……274
起こせ……202
お断り……197
おじいさん……249
おじいちゃん……157
オジサン……251
おじさん……292
押した……192
オシッコ……247
おじゃる……269
お嬢様……280
おしり……23
お好きでしょ……141
遅い……214
お近く……105
おっ……178
おっと……175
夫……221
おっぱい……237
音……185 190 224 226
お父さん……210
弟……247
男……29 110 134 179 194 198 211 216 225 230 241 243 256 278
大人……263 274 295
大人たち……291
踊れる……264
同じ……168 282
お悩み……250
お兄ちゃん……247
お庭……248
おねえさん……150
おばあさん……249
おばさん……292
おまわりさん……277
おめぇ……166
想いうかべる……219
思いこまれつつある……200
思い出してください……172
思い出せた……204
思い出……281
思います……198 254
思う……219 265 276 297
思えば……251
面白い……238
思った……216
親……135
オヤジ……191
おやつ……165
降りてきた……275
おれ……84
お礼……214
終わります……293
終わる……107
音楽……215 231
女……110 169 179 181 190 194 195 211 217 241 247
オンナ……212
おんなじ……201

か

カ……109
カーペット……175
海岸通り……180
外国……257
会社……213 271
会社員……233
会社名……272
解体……288

自分……209 223 287
縞……168
地味……219
市民D……254
社員……295
社会……120
写真……204 285
写ッ……186
シャツ……96
ジャックリーヌ……180
シャッター……192
しゃべる……220
写メール……286
ジャンパー……179
十年後……253
首相……254
準指導員……174
正月……266
少女……207
冗談でしょ……202
情熱……202
少年少女……249
しょう油……175
将来……276
職業選択の自由……140
植物……205
諸君……115
女子高生……270
女性……103 174 183
しょせん……281
ショック……285
知らない……283
調べてる……209
白……276
白い……77 96
素人……281
白さ……87
進化した……226
ジングルベル……238
人種差別……238
人生……280
新製品……237
死んだりしない……247
死んでしまいました……126
死んではいけない……282
シンデレラ……186
新聞……143 224
シンメトリー……185
人類……110 175 201 232

す

吸う……232
スーツ……216
数百円……17
スカッと……75
好き……47 192 240
スキ……282
好きだ……94
好きだった……180
好きだなあ……274
過ぎたら……211
好きですか……150 210
すぎる……190
すぐ……181 229 256
救う……259
少なくなりました……219
すごい……154
凄い……189
すこし……65
すこしずつ……199
すたれ……279
スッカラカン……215
捨てましょう……291
すばらしき……161
すべて……253 267
住みやすい……225
する……240
すると……272
すれちがっている……289

せ

せい……248
性格……285
生活……11
成功する……276
セイサク……247
政治家……260
正常……122 235
精神力……206
生年月日……291
製品……244
世界……161
世界一……102
セキ……195
石油……255
セックス……157
狭く……213
蟬……249
全員……138 233
洗剤……87
ゼンゼン……283
鮮度……273
ぜんぶ……248 297 297

そ

騒音……244
掃除……284
想像……212
想像する……156
想像力……17
そうだ……151
相談……294
そうでない方……104
ソクラテス……90
育って……80
そと……262
外……273
その先……252
染めて……177
そよ風……178
空……173 287 292
それ……245
それこそ……277
それなりに……104
それゆけ……268
揃う……238
そろそろ……125

た

タイ……258
大画面……242
大嫌ひ……277
大事件……277
だいじょうぶ……227
大好き……106 254
大統領……212
第二十二条……140
大ブーム……270
大変……205
ダイヤ……223
太陽……170
倒れた……228
高い……216
高さ……289
高橋……290
タキシード・ボディ……203
打球……288
たくましく……80
だけ……242
たけし……254

止まっている……118
ともだち……283
土曜日……85
とりあえず……196
ドリンク……197
どれでも……239
とれます……250
ド・レ・ミ……168
トンデレラ……186
どんな……202

## な

名……256
なーんだ……237
泣いた……253
泣いている……236
ナイフ……107
なか……262
なが～く……65
長い……248 295
なかった……252
なかったぜ……222
眺められたら……274
流れない……245
鳴く……249
無くして……135
無くなる……229
なぜ……89 181 192
夏……107 114 118 171 191 198 224 253 257
ナツコ……191
なっている……258
なってしまう……220
夏の終わり……207
夏やすみ……129
夏休み……293
なに……247
なにが……283
なにも……53
名前……204 253
悩んで……90
ナヤンデルタール……211
鳴らす……238
何時間……124
なんだ……248
なんだか……224
なんだから……166
なんである……167
なんでも……238
なんにも……240
何人……246
何年……136
南米……278

## に

憎み合う……236
ニッポン……278
日本……167 171 243 252 265 276 292
日本人……233 278
二度……164
二度目……144
二番……165
入学式……204
ニュース……212
ニューヨーク……286
女房……217
ニワトリ……202
にんげん……297
人間……82 138 166 185 205 210 223 225 248 277
人間味……196
妊娠……225

## ぬ

脱いでも……154
ヌード……246
脱がせ……93
脱がせる……126 137
抜く……194 237

## ね

値上がり……209
ねえじゃねえか……166
ネクタイ労働……199
ネコ……241
ネタンデルタール……211
寝る……215
年賀状……297
年齢……89

## の

農学部……234
農業……233 291
残る……147 285
乗せている……152 255
喉……256
飲み会……272
のむ……250
飲む……112 169 197 206
のりきった……296
乗れる……239
飲んだ……220
飲んで……166 166 215
飲んでくれ……229

## は

歯……155
ハート……179 223
廃棄物……244
入ってきます……178
入ってきません……178
はいてる……212
入りたかった……271
入ります……221
ハエ……109
生える……220
バカ……145
馬鹿……239
博多……257
バザール……146
始まる……235
はじめて……185
走ろう……177
バス……169
恥ずかしい……185
バスト……179
ハダカ……265
裸……181
裸一貫……196
畑……194 234
はたち……211
ハタチ……118 144
働いてみないか……241
働いてる……210
鉢植え……194
八十二歳……277
ぱちん……179
恥づかし……226
はっきり言って……261
抜群……235
初恋……72
発展途上人……204
パッと……123
ハッパふみふみ……78
ハッピーエンド……235
発明……271
はつらつ……176
花……242
鼻毛……266

話……184 272
話したい……286
話せる……276 276
花火……59
母……224 277 297
パパ……243
母の日……266
はやい……261
早く……215
速く……216
流行り……279
腹をたてた……203
腹をたてている……203
はりきる……209
バリバリ……280
春……178 183
はるかに……265
ハワイ……213
反省……252
パンツ……235

## ひ

日……59 83 195 222 248 262
火……111 289
灯……169
ピー……262
ビール……165 249 284
ビールづくり……291
冷えてます……132
冷える……284
被害者……272
光ってる……243
引かない……53
ひく……181
ビジネス……173
美人……230
ピッカピカ……101
必要な……219
ひと……119 158 174 240
人……104 111 179 181 203 209 220 226 232 236 242 244 246 249 256 259 259 262 267 282 289 294
男（ひと）……172
人柄……217
ひとつ……238
一粒……164
人の間……230
人の目……178
人々……223
ひとみ……98
ひとり……97 280
日々……122
ヒマ……226
暇……241
百……211
ビューティフル……35 173
病院……282
病人……282
開く……224
ビリー・ザ・キッド……228
昼間……243
品……251
ピン……167
ピンク……280

## ふ

ファッション……182
不意……233
ブーム……279
プール……132
ふえた……213
フェラーリ……239
増える……265
深く……173
服……126 257 264 285 298
ふくらんで来た……219
不幸中の幸い……253
不幸な……179
不思議……106
不自然……248
ふたり……97 148 248
ぶつかる……223
物産……274
ぶどう色……180
太る……198
ふもと……292
プラトン……90
ぶらぶらしてる……241
ふられていらっしゃい……201
フランス……274
フランス人……274
ブランデー……187
ふり……239
フリ……197
フルムーン……200
フレッシュジュース……182
文学部……234

## へ

ヘソ……166
下手……278
別でありたい……206
別に……282
別名……183
別ヨ……284
部屋……213 172
ベランダ……232
勉強……234 283
勉強しよう……115

## ほ

法学部……234
法律……238
ボーイ……263
ボーヤハント……131
ポール・ニューマン……197 201
ボク……247 255
僕……94 102 189
ボクら……208
保険……221
歩行者……203
星……231
ほしい……23 80 224 266
欲しい……217 290
欲しくなる……223
募集……217
ボス……250
ホタル族……232
ポチイ……208
北海道……95 181
ポッと……258
ほど……240
仏様……266
ほとんどの場合……263
ほほ……177 159
ほぼ……212
ほめよう……278
ポルシェ……239
本……233
ほんとう……171
ほんとは……174 231
ほんのり……177

## ま

ま……203 256
マーケティング……245
負けた……285
負けない……207 272
マズイ……200
貧しい……254 282

まだ……175
まだか……200
町……108 183
街……236
待つ……177
真っ赤……202
マックロネシア人……196
まっすぐ……223
窓……274
マナー……289
まなざし……92
間にあいました……271
まにあいます……175
真似……182
ママ……164
守る……256
マヨネーズ……273
万馬券……267

み

見えた……108 169
見えたりする……223
見えてくる……217
見えないもの……152 255
見えました……272
見えます……173
見える……219
味方……207
身仕度……203
見知らぬ……198
水……111 187 194 206 269
ミスをする……259
見せられない……291
見せる……226
味噌汁……175
道……292
見て……87 204
見ている……248
みな……242 251
見なくても……227
みなさん……204
ミニ……239
見に来て……251
見ました……236
ミュンヘン……165
未来……249
見る……156
ミルウォーキー……165
ミルク……175
見るな……181
見分けられます……273
ミンク……213
みんな……90 188 196 204 211 223 239

む

むくいて……195
無口……207 257
ムスコ……191
娘……214 224
胸……179 219 226
むね上げ……262
むねがこみあげる……262
胸の中……226
無法者……199
無理……223
無理して……263
無理かも知れないけれど……204

め

目……169 273
迷惑……120
メーカー……265
メカニズム……189
め⃝組……119
目の付けどころ……243
メリー……86
メリノ……229
免許……239
麺類……201

も

もう……174 207
もういちど……271
もうかりにくい……261
もうひとつ……234
モウレツ……79
モーレツ……35
目的……216
もちろん……213
持つ……289
持って……289
持っている……199
持ってゆく……279
持ってる……209
もっと……2 244
モデル……182
戻ります……255
もの……218 218 219 224 231 232 245 279 292
モノ……281
百恵……193
もらう……199
門……214
門限……214

や

やがて……194 292
ヤクザ……267
薬事法……275
訳します……184
約束……251 256
野菜……156
やさしくしている……295
やさしさ……199
休まなければ……249
休もう……243
休んで……249
休んでますか……136
やつ……278
奴……200 212 272
やっている……256
やってくる……205
ヤバイ……294
破ってしまう……256
破れた……105
山……169
ヤマちゃん……176
山の神様……269
やめた……207 272
辞めたい……271
やめてね……270
やめました……213
やりたい……166
飲（や）る……222
やろう……293 298
やろうよ……184
やわらかい……223
やわらかな……224

ゆ

ユー……261
遊園地……142 232
勇気……152
遊撃手……189
ユーザー……265
有楽町……74
雪……276
豊か……254
ゆっくり……177 184

夢……203 255
夢街道……197
許された……238
ゆれる……92


### よ


用件……286
ようこそ……231
用はない……282
よーく……186
よかったんだけどねぇ……210
よく……223
よけいな……268
良さ……179
よし……222
予想外……295
世の中……145 224 238
呼ばない……278
予備校……253
呼ぶ……179 278
読め……221
余裕をもって……203
喜びそうな……117
弱い……242
四十才……144
読んでいる……244


### ら


来年……274
らしい……99
ラジオ……189 288
らしく……166
ランボオ……116


### り


理由……282
流行……203
良好……235


### る


ルーズ……200
ルーチョンキ……170
留守……130


### れ


歴史……227
列車……275
連写……186
レンズ……173


### ろ


老人……225 255
労働……269
ロールスロイス……239
ろくでもない……161
ロマンス……189
ロマンチック……193
論理……265


### わ


和イスキー……273
ワイン……83
若いうちに……258
若さ……176
わからないなんて……179
わかりません……273
わかる……135 172
話題……272
わたし……232
ワタシ……168
私……143 154 213 213 215 221 236 238 256 268 275 280 280 289 293
私だけ……230
私たち……244
割ったら……187
笑った……169
われわれ……174
わんぱく……80
ワンフィンガー……222


### 英数字


CM……87
DISCOVER……81
$H_2O$……184
Hawaii……166
hungry……149
ing……187
JAPAN……81
№1……275
NUDE……270
Oh……79
speed……285
0%……270
1……172
①……220
10000ボルト……98
120マイル……190
10億人……276
10年……173
12缶……250
1缶……250
1日……282
2……172
②……220
20才……230
20世紀……279 284
21……211
21世紀……271 279
24時間……236
3……172
30分……180
35歳……257
3回……73
3錠……73
3分間……177
40回……293
50歳……265
5時……202
60年前……231
700度……289
8時……214
97%……252
9月19日……212
÷……184

# 解説

天野祐吉

『文明開化』という奇書がある。

一九二六年（大正一四年）に、宮武外骨という異才のジャーナリストが書いた本だ。

「書いた」と書いたが、ご本人が書いたのは序文だけで、中身は文明開化期の裁判記録と、数多く現れた新聞の創刊記事と、そして当時の広告を丹念に集めたという、全四冊の風変わりな本である。

が、風変わりなこの本のほうが、なまじっかな文明開化論よりも、ずっと当時の世の中の様子をいきいきと感じさせてくれるから面白い。

とくに圧巻は「広告」である。

たとえば「乳母いらず」という哺乳瓶まがいの商品の図入りの広告のコピーはこうだ。

「世間乳汁ニ乏シキ婦人ハ此乳母イラズヲ以テ牛乳ヲ小児ニ与ユルトキハ人乳同様ニ飲得テ乳母ヲ抱ヘ多分ノ給料ヲ出シ又ハ其人ノ病疾或ハ性質ノ賢愚ヲ撰ブノ労費ヲ省クノミナラズ成長ノ後モ……（後略）」

あるいは、「呼吸器広告」と銘打ったマスクの広告や、「近ごろ流行のコレラ病にも効く」という「佐藤先生方剤」の「回陽丹」などなど、この本に集められた明治初期の広告を見ていると、当時の世の中の空気がぷんぷん匂ってくる感じがする。

年表にのっているような事件や出来事は、そのときの世の中の動きを伝えてはくれるが、その時代を生きていた無名の人びとの息づかいや気分までは伝えてくれない。その点、この本にのせられた広告たちは、文明開化期のそんな空気を、何よりもいきいきと伝えてくれるのだ。

「現金安売り掛値なし」

日本の広告コピーの第一号と呼べるのは、一六八三年（天和三年）に江戸の呉服商、越後屋三井八郎兵衛が書いたコピーである。それ以前のコピーは、商品名を書いただけのものや、挨拶文といったようなものがほとんどだった。

当時としては画期的な商法を、このコピーは簡潔明快に打ち出している。このコピーを使って、越後屋はなんと五万枚もの引き札を江戸市中に配り、大きな反響を巻き起こしたという。革命的な新商法に驚き、越後屋に押しかける江戸っ子たちの顔が見えるようだ。

この越後屋の三井が、のちに越後屋の「越」と三井の「三」をとって「三越」となり、「今日は帝劇、明日は三越」という有名なキャッチコピーを世に送り出すのは、それからざっと二百年ほどのちのことである。

「本日土用丑の日」

越後屋が「現金安売り掛値なし」のコピーを書いてから一四〇年ほどあとの一八二五年（文政八年）、

平賀源内がこのコピーを書く。商売不振の近所の鰻屋に頼まれ、口コミとこのコピーで鰻屋を救ったというのは、あまりにも有名な話だ。

源内はほかにも、「歯磨き嗽石香」など多くの名コピーを書いており、それにつづく山東京伝や式亭三馬などの戯作者も多くの名コピーを残しているが、江戸時代のコピーは、越後屋と源内の二つにとどめておこう。

明治もまた多くのコピーで賑わっている。

「一粒三〇〇メートル」

で売りまくったグリコの江崎利一をはじめ、天狗煙草の岩谷松平、仁丹の森下博、寿屋の鳥居信治郎、森永の森永太一郎、などなど、明治のすぐれた創業者たちはまた、みずから広告のクリエイターでもあった。

が、この本に収められているようなコピーのスタイルが生まれるのは、日本に近代的な大衆社会が成立する大正期のことである。広告コピーの歴史からいえば、ここまでを前期、ここからを後期ということができるかもしれない。

日本でのそんな近代的広告コピーの作法を確立したのは、間違いなく片岡敏郎である。

この人については、これまでにも多くのことが書かれているし、ぼくもいろいろ書いてきたので、ここでは彼が昭和初期に書いた代表的なコピーを紹介することにとどめたい。

「不景気か？　不景気だ！　赤玉ポートワインを飲んでるかネ？　飲んでない！　そうだろう！」

「出たオラガビール飲めオラガビール」

「オラガビール　もう工場を出て　今や御宅の附近にあり」

「なんとまア　おきれいなお歯…と逢う人ごとにほめられて　スモカ使うの　わたしもういやッ！」「スモカで磨いた三日目の朝はわざわざ吃って見せて　旦那！お歯お歯お早う！」

「街は北風　待ち人来ない　ウインドグラスに　イイしてみたら　なんぼなんでもこの歯の色で　スモカ使わで顔合わさりょか」

「吸ったタバコのニコチンで　腹は黒いが歯は白い　スモカ仕立ての男前　ムハ　ムハハハハハ」

その片岡は、太平洋戦争の迫った一九四一年の六月、言論統制で広告も自由につくれなくなった世の中の空気にいやけがさして、広告界から引退してしまう。


それから敗戦までの四年間は、広告はほとんど開店休業の状態に追い込まれるのだが、敗戦とともに、焦土に広告はふたたび息を吹き返した。

以来、半世紀あまりの間に、驚異的な経済成長のさなかで生まれたおびただしい量のコピーの中から、選び抜かれた代表的なものがこの一冊に収められている。

そのコピーたちは、広告コピーであると同時に、時代の欲望のコピーであり、生活風俗のコピーでもある。源内の「嗽石香」のコピーに江戸中期の人びとの欲望や気分がいきいきと映しとられているように、あるいは片岡敏郎のコピーが昭和初期の大衆の欲望や風俗のみごとな映し絵になっているように、ここには、この半世紀を生きてきたこの国の人びとの姿が、息づかいが、文字に記録され、描き出されている。

コピーを書いている人に、そういう意識があるかどうかは、まったくの別問題である。むしろ、ないほうがふつうだろう。が、その時代の人びとの欲望や気分や風俗を映しとっていないコピーは、実は、広告のコピーとしてもたいした成果を上げていないことが多い。というよりも、いまという時代の空気をどこかで切り取っていないようなコピーは、しょせん、人びとの目をとらえることも、心に響くこともないのだといっていい。

戦後の混迷した空気の中で青年期を送ったぼくにとっては、「トリス」のコピーはたいへん懐かしい。たんに「懐かしい」というだけでなく、その時期の自分の吸っていた空気が、街の風景が、周りの人たちの表情が、鮮やかに目の前に浮かび上がってくる。で、その中に「自分がいる！」と感じられるのだ。

同じように、「おいしい生活。」の中には、中年にさしかかったころの自分が、「ｈｕｎｇｒｙ？」の中には初老の自分がいる。いまも、「犬のお父さん」や「宇宙人ジョーンズ」を見ていて、人ごととは思えない自分を感じている。思うにいいコピーというのは、その中に主人公としてであれ点景としてであれ、「自分がいる」と感じられるものなのかもしれない。

それにしても、こういうコピーを書く作業には、たいへんなことばのワザが要る。しかも、物売り芸の一種であるという制約上、重々しかったり、もったいぶったりすることなく、つねに明るく、軽やかに、さりげなく、ときにユーモアもまじえて、時代をコピーしていかなければならない。これはたいへんなワザだと思う。

そういう意味で、このコピー集は、いまという時代の「文化力」をもコピーしている貴重な資料といえそうだ。

次の時代を、コピーはどうコピーしていくのだろうか。

（コラムニスト・元「広告批評」編集長）

安藤隆

1945年大阪府生まれ。1968年立教大学卒業後、1973年サン・アドにコピーライターとして入社。サントリーウーロン茶の広告を現在に至るまで一貫して担当し、「ウーロン茶はサントリーのこと」「それゆけ私」「自分史上最高キレイ」「食べよ、妹」「お昼の中性脂肪に告ぐ」「たのむぞ、黒」などのコピーを手がける。そのほか、サントリー、村田製作所などを担当。サン・アド クリエイティブディレクター。

一倉宏

1955年生まれ。筑波大学卒業後、サントリーに入社し宣伝部コピーライターとして勤務。1987年仲畑広告制作所に入社。90年に独立し一倉広告制作所を設立。おもな仕事にサントリーモルツ「うまいんだな、これがっ。」、学生援護会『サリダ』「職業選択の自由」、松下電工「きれいなおねえさんは好きですか。」、NTTデータ「ホーキング博士編」、東日本旅客鉄道「MY FIRST AOMORI」、シャープ「AQUOS」など。著書に『ことばになりたい』(毎日新聞社)、作詞作品も多く手がける。

岡本欣也

1969年生まれ。1994年岩崎俊一事務所入社。2010年オカキン設立。おもな仕事は、日本たばこ産業「大人たばこ養成講座」「あなたが気づけばマナーは変わる。」、グリコ「あ、大人になってる。」、ホンダ「ハイブリッドカーは、エコで終わるな。」、キリンフリーなど。日本郵政「年賀状は、贈り物だと思う。」やミツカン「やがて、いのちに変わるもの。」、トンボ鉛筆「トンボが動いている。人が、何かを生み出している。」など岩崎俊一氏との共同作業も多数。

小野田隆雄

1966年資生堂に入社、宣伝文化部コピーライターとして活躍。1983年に独立しアップを設立。資生堂「ほほ、ほんのり染めて」、「海岸通りのぶどう色」、「ゆれる、まなざし」、「ナツコの夏」、「夏ダカラ、コウナッタ。」、「㋱組のひと」、「さびない、ひと」、三菱自動車「ハンパだったら、乗らないよ。」JRグループ「ボクたちのフルムーンはいまです」、サントリーオールド「近道なんか、なかったぜ。」、「恋は、遠い日の花火ではない。」などがある。

児島令子

京都女子大学卒業後、一般企業勤務を経て広告代理店に転職。その後フリーのコピーライターとして活躍。おもな仕事にearth music & ecology「あした、なに着て生きていく?」、東日本旅客鉄道「大人は、とっても長いから」、日本ペットフード「死ぬのが恐いから飼わないなんて、言わないで欲しい」、トヨタVitz「水と、空気と、ヴィッツ」、全日本空輸「別ヨ」、パナソニック「私、誰の人生もうらやましくないわ」、サントリー「ウイスキー飲もう気分」などがある。

佐々木宏

1977年慶應義塾大学卒業、電通に入社。48才で独立し、シンガタ設立。おもな仕事はソフトバンク「白戸家」「ブラピ&キャメロン」「SMAP大移動」、サントリー「BOSS（矢沢永吉から宇宙人ジョーンズまで20年）」「歌のリレーCM〜上を向いて歩こう」「モルツ球団」、資生堂「UNO FOGBAR」、ANA「ニューヨークへ、行こう。」、TOYOTA ECO PROJECT、JR東海「そうだ　京都、行こう。」、富士フイルム「お正月を写そう」、江崎グリコ「OTONA GLICO」など。

澤本嘉光

1966年生まれ。1990年東京大学卒業後、電通に入社。おもな仕事に東京ガス「ガス・パッ・チョ！」、ソフトバンクモバイル「白戸家」、資生堂UNO FOG BAR、JCB「買物は世界を救う」、セブン-イレブン・ジャパン、東京海上日動火災保険、角川書店、読売新聞のテレビCMなどがある。また映画『犬と私の10の約束』の脚本も手がける。電通 コミュニケーション・デザイン・センター エグゼクティブ・クリエーティブディレクター。

仲畑貴志

1947年京都市生まれ。コピーライター、クリエイティブディレクター。サントリー、ソニー、TOTO、丸井、クレディセゾン、JR九州、岩田屋、シャープ、コスモ石油、アデランス、ワコールなどの広告キャンペーンを手がけ、カンヌ国際広告祭金賞の他数々の広告賞を受賞。著書に『みんなに好かれようとして、みんなに嫌われる。勝つ広告のぜんぶ』（宣伝会議）などがある。また、毎日新聞紙上で「仲畑流万能川柳」の選者も務める。

前田知巳
１９６５年生まれ。１９８８年東京外国語大学卒業後、博報堂に入社しコピーライターとして活躍。１９９９年フリーランスを経て２００１年フューチャーテクストを設立。おもな仕事に、宝島社「団塊は、資源です。」、「癌に教えられる」、エンジャパン「転職は慎重に。」などのほか、ユニクロのグローバルコミュニケーション、トヨタ自動車のコーポレートブランディングプロジェクトなど、企業ビジョン策定や商品コンセプトワークなども手がける。

山本高史
１９６１年京都生まれ。１９８５年大阪大学文学部卒業後、電通入社。コピーライターとして活躍し、数多くのキャンペーン広告を手がける。２００６年コトバ設立。トヨタ自動車　カローラ「変われるって、ドキドキ」、カローラフィールダー「道のさき　空のふもと」、サントリー天然水「おいしさ、山の差、ありがたさ。」、オリンパス「ココロとカラダにんげんのぜんぶ」などを手がける。著書に『案本』（インプレスジャパン）、『伝える本。』（ダイヤモンド社）がある。

日本のコピー ベスト500

発行日 2011年9月1日 初版 第1刷
2016年2月24日 第4刷

編 著 安藤 隆 一倉 宏 岡本 欣也 小野田 隆雄 児島 令子
佐々木 宏 澤本 嘉光 仲畑 貴志 前田 知巳 山本 高史

発行人 東 英弥

発行元 株式会社宣伝会議
東京本社 〒107-8550 東京都港区南青山3-11-13
電 話：03-3475-3010（代表）

印刷・製本 大日本印刷株式会社
アートディレクション えぐちりか
デザイン 岡田高行

©Takashi Ando, Hiroshi Ichikura, Kinya Okamoto, Takao Onoda, Reiko Kojima,
Hiroshi Sasaki,Yoshimitsu Sawamoto, Takashi Nakahata, Tomomi Maeda, Takashi Yamamoto
2016 Printed in Japan ISBN 978-4-88335-240-1

本書掲載記事の無断転載を禁じます。
乱丁・落丁の場合はお取り替えいたします。
販売部 03-3475-7670またはお買い求めの書店までお申し出ください。

宣伝会議の広告年鑑

## コピー年鑑

東京コピーライターズクラブ　編

東京コピーライターズクラブが主催するＴＣＣ賞で選ばれた広告を掲載。コピーで選んだ広告年鑑。１９６３年創刊。

## ＡＣＣ ＣＭ年鑑

全日本シーエム放送連盟　編

全日本シーエム放送連盟が開催するACC CM FESTIVALの入賞作をすべて掲載。時代を映し出すＣＭを収めた年鑑。１９６４年創刊。

## 広告制作料金基準表

アドメニュー

宣伝会議　編

広告制作に関する適正な商品を適正な価格で取引するため、基準価格の確立を目指して創刊。業界唯一の広告制作料金のガイドブック。

宣伝会議の教育講座

## コピーライター養成講座

基礎コース・上級コース・専門コース

東京・大阪・名古屋・福岡・札幌

１９５７年、日本最初のコピーライター養成機関として開校。約５万人が受講し、数多くのトップクリエイターを輩出する名門講座。

最新の情報、およびその他の書籍・教育講座については、
宣伝会議の Web サイトをご覧ください。www.sendenkaigi.com